ÜBER UNS NUR DER HIMMEL

ABENTEUERLICHE REISEGESCHICHTEN

Herausgegeben von
Miriam Kunz

KAMPA

Für den Blick hinter die Verlagskulissen:
www.kampaverlag.ch/newsletter

KAMPA POCKET
DIE ERSTE KLIMANEUTRALE TASCHENBUCHREIHE
Gedruckt auf säurefreiem und chlorfrei gebleichtem Papier
zur Unterstützung verantwortungsvoller Waldnutzung,
zertifiziert durch das Forest Stewardship Council. Der
Umschlag enthält kein Plastik. Kampa Pockets werden
klimaneutral gedruckt, kampaverlag.ch/nachhaltig infor-
miert über das unterstützte CO_2-Kompensationsprojekt.

Der Kampa Verlag wird in der Schweiz vom Bundesamt für Kultur
mit einem Strukturbeitrag für die Jahre 2021–2024 unterstützt.

Veröffentlicht im Juni 2023 als Kampa Pocket
Copyright © 2023 by Kampa Verlag AG, Zürich
Covergestaltung und Satz: Lara Flues, Kampa Verlag
Covermotiv: © Fabio Consoli
Gesetzt aus der Stempel Garamond LT / 230135
Druck und Bindung: GGP Media GmbH, Pößneck
ISBN 978 3 311 15049 7

www.kampaverlag.ch

Inhalt

Helga Schubert

Mein idealer Ort

Mein idealer Ort ist eine Erinnerung:
An das Aufwachen nach dem Mittagsschlaf in der Hängematte im Garten meiner Großmutter und ihres Freundes (mein alter Freund, sagte sie) in der Greifswalder Obstbausiedlung am ersten Tag der Sommerferien.

Immer am ersten Tag der langen wunderbaren Sommerferien.

Neben mich auf einen extra dorthin geschleppten Holztisch hatte dann ihr alter Freund (er war vor und im Zweiten Weltkrieg Chef der Konsumbäckerei, und seine Frau hatte sich vor dem Einmarsch der Roten Armee erhängt) ein großes Stück warmen Streuselkuchen auf einen Porzellanteller gelegt, den er zu meiner Begrüßung gebacken hatte.

Wie immer am ersten Tag meiner Sommerferien.

Meine Großmutter, sie hatte ihren üppigen Körper auch im Sommer in ein Korsett geschnürt, kam aus der Küche mit einer Kanne Muckefuck für ihn und mich. Für sich hatte sie in der Tasse einen

Bohnenkaffee aufgebrüht: Meine Medizin, das brauche ich für mein Herz.

Ich durfte in der Hängematte liegen bleiben und von dort mein Stück Kuchen essen und die Tasse Muckefuck trinken. Die Hängematte war zwischen zwei Apfelbäume geknotet, unter mir lagen die Falläpfel, über mir hingen die reifen Kläräpfel, neben mir standen die Büsche mit den roten, weißen und schwarzen Johannisbeeren. Weiter weg die stachligen Stachelbeerbüsche.

Ich lag im Schatten, und es war ganz still. Und es duftete nach dem warmen Kuchen. Dann machte ich die Augen auf. Es war mein Sehnsuchtsort.

Am Vortag war ich allein mit dem Zug aus Berlin gekommen. Gleich nach der Zeugnisausgabe am letzten Schultag musste ich dort nur meine Mutter im Dienst anrufen, ihr meine Zensuren vorlesen, mich für eine eventuelle Zwei entschuldigen, wieso hast du da keine Eins, du brauchst doch nur in die Schule zu gehen und nicht den ganzen Tag zur Arbeit wie ich, dir fällt doch alles so leicht, dann musst du einfach ein wenig fleißiger sein, was hat denn Gaby in dem Fach, siehst du, eine Eins.

Ich musste mich nur von der Telefonzelle aus von meiner Mutter in ihrer Dienststelle verabschieden, bis zum letzten Tag der Sommerferien durfte ich nun bei meiner Großmutter bleiben.

Als ich an diesem letzten Schultag wie jedes Mal seit 1947 in meinem siebten Lebensjahr am Bahnhof Greifswald aus dem Zug stieg mit meinem kleinen Koffer, den ich am Vorabend gepackt hatte, standen sie schon da: meine Großmutter und ihr alter Freund. Sie presste mich an sich: meine Lütte. Und er schnürte meinen Koffer auf seinen Gepäckträger. Dann gingen wir zusammen zur Drogerie am Markt, um mich zu wiegen. Ich wog nicht viel mehr als am letzten Ferientag des vergangenen Jahres. Ich war dünn, groß und knochig, sie wollte mich in den Ferienwochen füttern und dann zum Schluss meiner Mutter, ihrer Schwiegertochter, mit der sie im Übrigen keinen Kontakt hatte, das Ergebnis in zugenommenen Kilos mitteilen wie einen Sieg.

Zu den Bekannten, die wir in der Altstadt trafen, sagte sie: Das ist die Tochter von meinem Gerd. Sie darf die ganzen Ferien bei mir bleiben. Dann schob ihr alter Freund neben uns das Fahrrad bis zum Haus im Apfelweg, bestimmt eine Stunde.

Als wir den Begrüßungskaffee getrunken hatten, räumte meine Großmutter das Geschirr wieder in die Küche. Ich stieg aus meiner Hängematte, in die sie eine Wolldecke gelegt hatte, und half ihr zu tragen. Dann sollte ich die Kläräpfel vorsichtig abnehmen und einzeln nebeneinander in flache Kisten legen, die schwarzen, weißen und roten Johannisbeeren und die blauen und grünen

Stachelbeeren in Körbe pflücken. Der alte Freund begann, den Handwagen mit den Obstkisten für den nächsten Tag zu packen. Am frühen Morgen des zweiten Ferientages zog er mit mir den Handwagen eine Stunde bis zum Markt, baute die Kisten auf den bereitstehenden langen Tischen auf, auch die Waage mit den Gewichten, daneben die Papiertüten. Schnell bildete sich eine Schlange, und ich verkaufte alles. Er konnte sich eine Zigarre anzünden und mit den anderen Verkäufern ein wenig plaudern.

Wenn ich alles verkauft hatte, zogen wir den Handwagen zurück zu meiner Großmutter, die nie auf dem Markt verkaufte: Sie war doch die Witwe des verstorbenen Schulrektors; darum ließ sie sich auch mit Frau Doktor anreden; denn sie hatte ihm ja seine Doktorarbeit ins Reine geschrieben.

Als wir zurückkamen, hatte sie schon das Mittagessen gekocht, goss die Kartoffeln ab, wenn wir das Tor öffneten. Nach dem Essen wusch sie alles gleich ab, ich dagegen musste nicht abtrocknen, sondern durfte mich in die Hängematte legen und lesen, bis ich einschlief und wieder aufwachte:

am gedeckten Kaffeetisch.

Bis zum Ende des Sommers. So konnte ich alle Kälte überleben. Jeden Tag. Bis heute.

Olga Tokarczuk

Der Aschermittwochsschmaus

Nennt mich Eryk«, erklärte er jedes Mal anstatt eines Grußes, wenn er die kleine Bar betrat, die um diese Jahreszeit nur von einem Holzfeuer im Kamin beheizt wurde. Alle lachten ihm freundlich entgegen, manche winkten ihn sogar mit einer einladenden Geste herbei, die heißen sollte: Komm, setz dich zu uns. Denn im Großen und Ganzen war er ein guter Kumpel und trotz seiner Absonderlichkeiten beliebt. Doch anfangs, bis er eine entsprechende Menge getrunken hatte, machte er ein mürrisches Gesicht und setzte sich in eine Ecke, weit weg von der Wärme des Kaminfeuers. Er konnte sich das erlauben, er war kräftig gebaut und gegen Kälte gefeit, er heizte sich selbst.

»Diese Insel«, sagte er zuerst vor sich hin, aber so, dass die anderen ihn hören konnten, wie eine Herausforderung, während er sein erstes riesiges Bier bestellte. »Was für ein erbärmlicher Geisteszustand. Der Arsch der Welt.«

Die anderen schienen ihn nicht zu verstehen, aber grölten wie im Einvernehmen.

»He, Eryk, wann gehst du auf Walfang?«, riefen sie, und ihre Gesichter wurden rot vom Widerschein des Feuers und vom Alkohol.

Eryk antwortete mit barocken Flüchen, ein wahres Gedicht, niemand tat es ihm darin gleich – das war ein Teil des allabendlichen Rituals. So bewegte sich jeder Tag voran wie eine Seilfähre von einem Ufer zum anderen, unterwegs immer an denselben roten Bojen vorbei, deren Aufgabe es war, das Monopol des Wassers auf Unermesslichkeit zu brechen und es messbar zu machen und damit den täuschenden Eindruck von Kontrolle zu erwecken.

Nach dem nächsten Bier war Eryk schon so weit, dass er sich zu den anderen setzen konnte, und meistens tat er das auch, doch in der letzten Zeit wurde seine Laune schlechter, je mehr er trank. Er saß da mit spöttischer Miene. Er spann auch nicht mehr Seemannsgarn über seine Reisen auf fernen Meeren – wenn man ihn lang genug kannte, wusste man, dass er nie dieselbe Geschichte zweimal erzählte, zumindest in den Einzelheiten wichen sie stark voneinander ab. Jetzt jedoch erzählte er immer seltener, stichelte nur gegen die anderen. Der bösartige Eryk.

Es gab aber auch Abende, da ließ er sich hinreißen, wurde unausstehlich, und mehr als einmal musste Hendrik, der Wirt der kleinen Bar, eingreifen.

»Ihr seid alle angemustert!«, schrie Eryk und zeigte auf jeden mit dem Finger. »Jeder Einzelne. Oh Gott! zu segeln mit solch heidnischer Mannschaft, welche wenig von menschlichen Müttern hat. Geworfen irgendwo von der haifischigen See. Oh Leben! in einer Stund wie dieser ist's, die Seele niedergestreckt und dem Wissen hingegeben, – wie wilde ungebildete Dinge gezwungen werden, zu fressen.«

Hendrik zog ihn freundlich zur Seite und klopfte ihm kameradschaftlich auf die Schultern, während die Jüngeren über diese seltsame Ansprache vor Lachen grölten.

»Lass gut sein, Eryk. Du willst dich doch nicht in Schwierigkeiten bringen«, wollten ihn die Älteren beruhigen, die ihn schon länger kannten, aber Erik ließ sich nicht beschwichtigen.

»Hoppla, Bruder, weg mit dir! Ich würd die Sonne schlagen, wenn sie mich beleidigt.«

In einer solchen Situation konnte man nur beten, dass er keinen zufälligen Gast beleidigte – die Einheimischen nahmen es ihm nicht übel. Was konnte man schon von ihm erwarten, er schaute ja bereits wie durch einen trüben Vorhang auf die Theke. Dieser geistesabwesende Blick deutete darauf hin, dass Eryk jetzt die Meere in seinem Innern befuhr, sein Focksegel war schon gehisst, und man konnte ihn nur noch mitleidig nach Hause bringen.

»Hör zu, du Kleinmütiger«, stammelte Eryk noch und richtete den Finger auf die Brust seines Kollegen, »hör zu, denn ich rede mit dir.«

»Komm Eryk, ist gut jetzt.«

»Habt angemustert, nicht wahr? Namen in den Papieren? Nun ja, nun ja, unterschrieben ist unterschrieben; und wie's kommen soll, wird's kommen ...«, stammelte er und kehrte von der Tür wieder zurück zur Theke und verlangte eine letzte Runde, »für den Steigbügel«, wie er sagte, aber keiner wusste, was er damit meinte.

So wurde er lästig, bis endlich jemand den Moment gekommen sah, ihn am Frack zu packen und festzuhalten, bis ein Taxi kam.

Es ging aber nicht immer so streitlustig zu. Meistens ging er ziemlich früh, er hatte einen Fußweg von vier Kilometern vor sich und hasste diesen Marsch nach Hause, wie er sagte. Die Strecke war eintönig, immer an der Landstraße entlang, zu beiden Seiten Brachland, ehemalige Viehweiden, wo jetzt Unkraut und Krummkiefern standen. In hellen Nächten konnte er manchmal in der Ferne die Umrisse einer Windmühle ausmachen, die schon lange nicht mehr in Betrieb war und nur noch den Touristen als Hintergrund für ihre Fotos diente.

Die Heizung schaltete sich erst etwa eine Stunde vor seiner Heimkehr ein, so hatte er sie eingestellt, um Strom zu sparen, und in den beiden dunklen

Zimmern ballte sich noch die feuchte, von Meersalz durchsetzte Kälte.

Er aß immer das gleiche einfache Gericht, das war das Einzige, was ihm noch nicht langweilig geworden war. In Scheiben geschnittene Kartoffeln, mit Speck und Zwiebeln in einen Topf geschichtet. Mit Majoran und Pfeffer bestreut, gut gesalzen. Ein ideales Gericht mit ausgewogenem Nährstoffgehalt: Fett, Kohlehydrate, Ballaststoffe, Eiweiß und Vitamin C. Er aß vor dem Fernseher, obwohl der ihn noch mehr als alles andere anwiderte, deshalb öffnete er zu guter Letzt eine Flasche Wodka und leerte sie. Dann ging er schlafen.

Was für ein schrecklicher Ort, diese Insel! In den Norden gesteckt wie in eine dunkle Schublade, windig und nass. Aus irgendwelchen Gründen blieben die Leute hier wohnen und hatten keineswegs vor, in warme, helle Städte auszuwandern. Sie steckten in ihren kleinen Holzhäuschen längs der wieder neu asphaltierten Landstraße, die bergan führte und sie zu ewiger Kümmerlichkeit verurteilte.

Wandert einmal an der Landstraße entlang, über die Bankette auf den kleinen Hafen zu, der aus ein paar undefinierbaren Gebäuden besteht, eine Plastikbude, wo es die Fahrscheine für die Fähre gibt, ist auch noch da, und ein kläglicher Jachthafen, um diese Jahreszeit ganz leer. Im Sommer kommt vielleicht die eine oder andere Jacht mit exzentrischen Touristen, die des Trubels in den südlichen Gewässern, der Rivieren, des Azur und der heißen Strände überdrüssig sind. Oder Leute wie wir geraten durch Zufall an diesen trostlosen Ort, Ruhelose, stets nach neuen Abenteuern hungernd, mit ihren Rucksäcken voll chinesischer Instantsuppen. Und was seht ihr? Den Rand der Welt, wo die Zeit, die von der leeren Küste in See gestochen ist, enttäuscht ans Land zurückkehrt und diesen Ort gnadenlos dem hartnäckigen Stillstand aussetzt. Worin unterscheidet sich denn hier das Jahr 1946 von 1976 und dieses wiederum vom Jahr 2000?

Eryk war hier vor Jahren nach einer langen Reihe schöner und weniger schöner Abenteuer hängen geblieben. Ganz am Anfang jedoch, vor sehr langer Zeit, ist er aus seinem Land – seinerzeit eins von diesen unansehnlichen flachen kommunistischen Ländern – geflüchtet und heuerte als junger Emigrant auf einem Walfängerschiff an. Er hatte damals ein paar englische Worte zwischen »yes« und »no« zur Verfügung, gerade genug für das einsilbige Geknurre, das die harten Jungs auf dem Schiff miteinander wechseln. »Nimm«, »zieh«, »schneid«. »Schnell« und »fest«. »Fang auf« und »knote«. »Scheiße« und »verfickt«. Für den Anfang reichte es. Es reichte auch, den eigenen Namen gegen einen einfachen, allgemein bekannten einzutauschen – Eryk. Sich des zischenden Leichnams zu entledigen, den niemand richtig aussprechen konnte. Und es reichte auch, die Mappe mit allen Papieren ins Wasser zu werfen – Schulzeugnisse, Diplome, Studienscheine und Impfbescheinigungen –, das alles taugte hier zu nichts, konnte höchstens die anderen Matrosen beschämen, deren Biographie aus ein paar langen Reisen und Abenteuern in Hafenkneipen bestand.

Das Leben auf dem Schiff ist nicht mit Salzwasser getränkt und auch nicht mit dem süßen Regen der Nordmeere, nicht einmal mit Sonne, sondern mit Adrenalin. Man hat keine Zeit zum Nachdenken oder zum Grübeln über Fehler der Vergangenheit. Das Land, aus dem Eryk stammte, war fern und nicht sehr maritim, ans Meer war er nur ganz gelegentlich gekommen. In Häfen genierte er sich. Lieber waren ihm Städte an einem ungefährlichen Fluss, über den sich verbindende Brücken spannten. Eryk hatte keineswegs Heimweh, hier im Norden gefiel es ihm viel besser. Er hatte vor, ein paar Jahre auf dem Schiff zu arbeiten und Geld zu verdienen. Dann würde er ein Holzhaus bauen, eine flachsblonde Emma oder Ingrid ehelichen und Söhne zeugen. Sein Beitrag zu ihrer Erziehung würde darin bestehen, dass er mit ihnen Schwimmer bastelte und Meeresforellen zubereitete. Irgendwann einmal, wenn seine Abenteuer ein entsprechend handliches Paket abgäben, würde er seine Memoiren schreiben.

Er wusste selbst nicht, wie es gekommen war, dass die Jahre einfach durch sein Leben hindurchrannen, schwerelos, flüchtig, ohne Spuren zu hinterlassen. Höchstens in seinen Körper schrieben sie sich ein, vor allem in seine Leber. Das war später. Aber gleich am Anfang, nach seiner ersten Seefahrt, verschlug es ihn für drei Jahre ins Gefängnis, weil ein böser Kapitän seine ganze Besatzung zu Handlangern beim Schmuggel eines ganzen Containers mit Zigaretten und einem großen Paket Kokain gemacht hatte. Doch sogar im Gefängnis dieses fremden Landes blieb Eryk dem Meer und den Walen verfallen. In der Gefängnisbibliothek befand sich nämlich nur ein englischsprachiges Buch, wahrscheinlich hatte ein anderer Sträfling es vor Jahren dort gelassen. Es war eine alte Ausgabe vom Anfang des Jahrhunderts, die Seiten waren brüchig und vergilbt, von zahlreichen Spuren des täglichen Lebens gezeichnet.

So sicherte sich Eryk drei Jahre lang (eigentlich keine zu strenge Strafe, bedenkt man, dass tausend Seemeilen weiter nach geltendem Recht auf dieses Vergehen der Tod durch den Strick gestanden hätte) eine kostenlose Perfektionierung seiner

Sprache, Englisch für Fortgeschrittene, einen Kurs in Literatur- und Walkunde sowie Psychologie und Reisewissenschaft – alles aus einem Lehrbuch. Eine gute, konzentrierte Methode. Nach fünf Monaten konnte er Ishmaels Abenteuer schon stellenweise auswendig vortragen und wie Ahab reden, was ihm besonderen Spaß machte, weil das die Eryk genehmste Ausdrucksweise war, in der er sich wie in bequemer Kleidung fühlte, ganz egal wie altmodisch und wunderlich sie war. Und was für ein Glück, dass es dieses Buch gerade dorthin und in die Hände dieses Menschen verschlagen hatte. Das ist ein den Reisepsychologen unter dem Namen Synchronizität bekanntes Phänomen, ein Beweis für den Sinn der Welt. Ein Beweis dafür, dass sich in diesem schönen Chaos in alle Richtungen Fäden entspinnen, die eine Bedeutung haben, Netze seltsamer Logik, und wenn man an Gott glaubt, sind das die verschlungenen Spuren seines Fingerabdrucks. Das dachte Eryk.

In dem fernen exotischen Gefängnis nun, wo man abends vor tropischer Schwüle kaum Luft bekam und wo Sehnsucht und Furcht das Gehirn marterten, da versenkte sich Eryk nun in die Lektüre dieses Buches, verschwor sich ihm und empfand dabei ein eigenartiges Glück. Ohne dieses Buch hätte er das Gefängnis wahrscheinlich nicht durchgestanden. Seine Zellengenossen, lauter Schmuggler wie er, wurden oft Zeuge, wenn er laut las, und erlagen bald auch dem Zauber der Abenteuer, die die Walfänger erlebten. Es wäre nicht verwunderlich gewesen, wenn sie sich nach der Rückkehr in die Freiheit in der Geschichte des Walfangs weitergebildet hätten, wenn sie Dissertationen über Harpunen und die Ausrüstung von Segelschiffen geschrieben hätten. Und wenn die Begabtesten von ihnen die höchste Stufe der Einweihung erklommen hätten, indem sie sich auf Ausdauer als Fachgebiet spezialisiert hätten. So kam es jedenfalls, dass die drei Zellenkameraden, ein Matrose von den Azoren, ein Matrose aus Portugal und Eryk, in ihrem speziellen Rotwelsch kommunizierten. Sogar über ihre kleinen schlitzäugigen Wärter redeten sie in diesem Jargon:

»Zum Teufel! Dieser Alte, das ist vielleicht ein famoser Kerl!«, rief beispielsweise der Azorenmatrose aus, wenn einer ihnen ein Päckchen durchweichter Zigaretten in die Zelle geschmuggelt hatte.

»Bei meiner Seel, ich bin beinah derselbigen Meinung, also sprich den Segen!«

Ihnen war es nur recht, wenn jeder Neue, der zu ihnen in die Zelle kam, anfangs kaum etwas verstand, er wurde ihr Fremder, den sie für ihr soziales Ersatzleben brauchten.

Jeder von ihnen hatte seine Lieblingsabschnitte,

die er abends bei ihrem Leseritual vortrug, bis die anderen gegen Schluss im Chor einfielen.

Doch die Hauptthemen der Gespräche in ihrem immer besseren Englisch waren das Meer, die Seereisen, das Ablegen vom Ufer, das Vertrauen auf das Wasser, das – wie sie nach einer mehrtägigen Diskussion, die den Vorsokratikern alle Ehre gemacht hätte, feststellten – das wichtigste Element auf dem Erdenrund war. Sie planten schon die Strecken für die Heimreise, bereiteten sich auf die Anblicke vor, die sich ihnen unterwegs bieten würden, formulierten in Gedanken das Telegramm an die Familie. Wovon würden sie leben? Sie überboten sich gegenseitig an Einfällen, doch ehrlich gesagt kreisten sie immer um ein und dasselbe Thema, ohne sich dessen bewusst zu sein, waren sie bereits angesteckt, hatten sich infiziert: Was ihr Denken beherrschte, war die bloße Möglichkeit, dass so etwas wie ein weißer Wal existierte. Jeder wusste, dass es noch Länder gab, in denen Walfang betrieben wurde, und auch wenn diese Arbeit heute nicht mehr so romantisch war, wie Ishmael es beschrieben hatte, würde man doch schwerlich eine bessere finden. Angeblich suchte man in Japan Leute für den Walfang. Was waren Dorsche und Heringe schon gegen Wale ... Wie ein Handwerk gegen die Kunst ...

In sechsunddreißig Monaten hat man viel Zeit, sich die Einzelheiten des zukünftigen Lebens zu überlegen, Punkt für Punkt, und sie mit den Kameraden zu besprechen. Meinungsverschiedenheiten spielten keine Rolle.

»Jetzt mal schnell Schluss damit! Denk dran, was ich dir sage von wegen Handelsmarine – mach mich nicht wild – das mag ich nicht. Aber wir wollen uns recht verstehen. Ich hab dir einen Wink gegeben, von wegen, was es mit dem Walfang auf sich hat; habest du trotzdem noch Lust drauf?«

»Was hast du schon von der Welt gesehen!«, fuhr der portugiesische Matrose erwidernd auf.

»Die Nordsee hab ich der Länge und Breite nach durchschifft, die Ostsee ist mir nicht fremd. Die Strömungen im Atlantik kenne ich so gut wie meine eigenen Adern …«

»Du bist dir etwas zu gewiss, mein Brüderchen.« Dazu muss man etwas wissen. Zehn Jahre – so lange dauerte Eryks Reise nach Hause, und wahrscheinlich schaffte er es noch schneller als seine Kameraden. Er kehrte auf Umwegen zurück, über abgelegene Meere, durch die engsten Meerengen und die breitesten Buchten. Kaum leckte das offene Meer an einer Flussmündung, kaum hatte er auf einem Schiff nach Hause angeheuert, da bot sich plötzlich eine neue Gelegenheit, die ihn meistens in die entgegengesetzte Richtung führte, und wenn er einen Augenblick überlegte, kam er immer wieder zu dem Schluss, dass die größte Wahrheit doch in dem alten Argument liege, das heißt: Die Erde ist rund, legen wir uns nicht auf eine Richtung fest! Das war auch irgendwie verständlich – für jemanden, der von nirgendwo kommt, wird jede Bewegung zur Rückkehr, denn nichts hat eine solche Anziehungskraft wie die Leere.

In jenen Jahren arbeitete er unter panamaischer, australischer und indonesischer Flagge. Auf einem chilenischen Frachter brachte er japanische Autos in die Vereinigten Staaten. Auf einem südafrikanischen Tanker erlebte er eine Katastrophe an der Küste von Liberia. Er brachte Arbeiter von Java nach Singapur. Er bekam Gelbsucht und lag in Kairo im Krankenhaus. Als ihm in Marseille bei einer betrunkenen Prügelei eine Hand gebrochen wurde, trank er monatelang keinen Tropfen Alkohol, um sich in dann in Malaga bis zur Besinnungslosigkeit zu besaufen und die andere zu brechen.

Wir wollen nicht ins Detail gehen. Eryks wechselvolles Schicksal auf den Meeren interessiert uns nicht. Lieber wenden wir uns ihm zu dem Zeitpunkt zu, als er endlich am Ufer jener ihm später so verhassten Insel ankommt und auf einer kleinen primitiven Fähre zwischen den Schären Arbeit bekommt. Bei der Ausübung dieser – seiner Meinung nach erniedrigenden – Arbeit magerte Eryk ab, ja auf gewisse Weise bleichte er aus. Die tiefe

Bräune wich für immer aus seinem Gesicht und hinterließ dunkle Flecken. Die Schläfen ergrauten, kleine Falten ließen seinen Blick durchdringend und scharf erscheinen. Nach dieser Einführung, die schmerzlich in sein Seelenleben eingriff, wurde er auf eine verantwortungsvollere Strecke versetzt: Jetzt steuerte er eine Fähre, die die Insel mit dem Festland verband, sie fuhr nicht an einem Seil, und das breite Deck konnte sechzehn PKW aufnehmen. Die Arbeit garantierte ihm ein festes Einkommen, Krankenversicherung und ein ruhiges Leben auf dieser Insel im Norden.

Jeden Morgen nach dem Aufstehen wusch er sich mit kaltem Wasser und kämmte mit den Fingern seinen grauen Bart. Dann zog er die dunkelgrüne Uniform der Fährgesellschaft »Vereinigte Fähren des Nordens« an und marschierte zum Hafen, wo er seine Fähre am Vorabend vertäut hatte. Kurz darauf öffnete einer vom Landpersonal – Robert oder Adam – die Pforte, und die ersten Autos standen schon in einer Reihe, um über die Eisenrampe auf Eryks Fähre zu fahren. Es war immer genug Platz, manchmal kam es sogar vor, dass die Fähre leer war, sauber, leicht, schwebend. Dann setzte sich Eryk in seine Kabine in der Höhe, hockte in seinem verglasten Krähennest, und das Ufer auf der anderen Seite erschien ihm nah. Wäre es nicht besser, eine Brücke zu bauen, als von den Leuten

zu erwarten, dass sie sich mit der Hin- und Her-
fahrerei abplagten?

Die Gemütsverfassung war wichtig. Jeden Tag
konnte er zwischen zweien auswählen. In der
einen – penetrant und aufdringlich – war er schlechter als andere, ihm fehlte das, was jeder hatte, auf
eine gewisse Weise war er abnorm und wusste zum
Teufel noch nicht mal, was ihm fehlte. Er fühlte
sich isoliert, einsam, wie ein zur Strafe eingesperr-
tes Kind, das aus dem Fenster den Spielen seiner
glücklichen Altersgenossen zuschaut. Das Schicksal hatte ihm eine nichtssagende Rolle in den chaotischen Wanderungen der Menschheit zu Lande
und zur See zugeteilt, und jetzt, seit er sich auf der
Insel niedergelassen hatte, erwies sich seine Rolle
auch in dieser Episode als die eines Statisten.
   Die andere Gemütsverfassung hingegen bekräftigte in ihm die Überzeugung, dass er der Bessere
war, einzigartig und außerordentlich. Dass er allein
die Wahrheit fühlte und verstand, dass nur ihm ein
außergewöhnliches Dasein zuteilgeworden war.
Dieses gute Selbstwertgefühl konnte manchmal
ganze Stunden, ja Tage anhalten, und dann fühlte er
sich sozusagen fast glücklich. Aber das verging wie
ein Alkoholrausch. Als Katzenjammer stellte sich
der erschreckende Gedanke ein, dass er, wollte er
in seinen eigenen Augen ein achtenswerter Mensch

sein, unentwegt auf diese zwei Arten Betrug begehen müsste, und – was am schrecklichsten war – eines Tages würde die Wahrheit ans Licht kommen, und es würde sich herausstellen, dass er niemand war.

Er saß in der verglasten Kabine und sah zu, wie sich die erste Morgenfähre füllte. Er sah die alten Bekannten aus dem Städtchen. Da war die Familie R. in ihrem grauen Opel, der Vater arbeitete im Hafen, die Mutter in der Bibliothek, die Kinder, ein Junge und ein Mädchen, gingen zur Schule. Und da waren die vier Teenager, Gymnasiasten, die auf der anderen Seite mit dem Autobus weiterfuhren. Und Eliza war da, die Kindergärtnerin, mit ihrer kleinen Tochter, die sie natürlich mit zur Arbeit nahm. Der Vater der Kleinen war vor zwei Jahren plötzlich verschwunden und hatte seitdem kein Lebenszeichen mehr von sich gegeben. Eryk hatte den Verdacht, dass er irgendwo auf Walfang war. Und der alte S. kam, er hatte es an den Nieren, dreimal in der Woche musste er zur Dialyse ins Krankenhaus. Er und seine Frau hatten versucht, ihr kümmerliches Holzhäuschen zu verkaufen und näher ans Krankenhaus zu ziehen, aber es hatte nicht geklappt. Der Lieferwagen des Bioladens fuhr aufs Festland, um Ware einzukaufen. Ein schwarzes fremdes Fahrzeug, bestimmt Gäste des Regisseurs.

Der gelbe Lastwagen der Brüder Albert und Albrecht, die mit der Hartnäckigkeit von Junggesellen Schafe hielten. Zwei verfrorene Fahrradfahrer. Der Kombi von der Autowerkstatt – wahrscheinlich sollte er Ersatzteile holen. Edwin winkte Eryk mit der Hand. Man hätte ihn auf jeder Insel der Welt erkennen können – er trug gern karierte Hemden mit Kunstpelzbesatz. Eryk kannte sie alle, sogar diejenigen, die er zum ersten Mal sah – er wusste, warum sie hier hergekommen waren, und wenn man das Ziel der Reise kennt, weiß man schon ausreichend viel über Menschen.

Es gab drei Gründe, auf die Insel überzusetzen. Der erste war, dass man einfach hier wohnte, der zweite, dass man beim Regisseur zu Besuch war, der dritte, dass man wegen der Windmühle gekommen war, um sich gegenseitig davor zu fotografieren.

Die Fähre brauchte zwanzig Minuten. Während dieser Zeit stiegen einige Passagiere aus den Autos und rauchten eine Zigarette, obwohl das verboten war. Andere standen an die Reling gelehnt und starrten einfach ins Wasser, bis sich ihr schaukelnder Blick endlich am anderen Ufer wieder festmachen konnte. Gleich werden sie, vom Geruch des Festlands und ihren ungeheuer wichtigen Pflichten und Aufgaben erregt, in den Gassen am anderen Ufer verschwinden, sich verlaufen wie die neunte Welle, die am weitesten reicht, in die Erde versickert und nie mehr ins Meer zurückkehrt. Doch andere kommen an ihrer Stelle. Der Tierarzt im eleganten Geländewagen, den hat er sich mit dem Sterilisieren von Katzen verdient. Eine Schulklasse auf Ausflug, die im Rahmen einer Biologieexkursion Flora und Fauna der Insel untersuchen wird. Ein Lieferwagen mit einer Ladung Bananen und Kiwi. Ein Fernsehteam, das zu einem Interview zum Regisseur fährt. Familie G., die gerade vom Besuch bei der Großmutter heimkehrt. Zwei erhitzte Fahrradfahrer anstelle der beiden anderen.

Das Ent- und Beladen der Fähre dauerte fast eine Stunde. In dieser Zeit rauchte Eryk mehrere Zigaretten und versuchte, nicht zu verzweifeln. Dann kehrte die Fähre auf die Insel zurück. Und so ging es acht Mal am Tag, mit einer zweistündigen Pause zum Mittagessen, das Eryk jedes Mal in derselben Kneipe aß. Eine von drei Kneipen in der Gegend. Nach der Arbeit kaufte er Kartoffeln, Zwiebeln und Speck. Zigaretten und Alkohol. Er versuchte immer, bis zum Nachmittag nichts zu trinken, aber nach der sechsten Überfahrt war er schon voll.

Gerade Strecken – wie demütigend sie sind. Wie sie den Geist abtöten. Was für eine perfide Geometrie, die uns zu Idioten macht – hin und her, die Parodie einer Reise. Aufbrechen, um gleich darauf zurückzukehren. Beschleunigen, um sofort abzubremsen.

Eryks kurze stürmische Ehe war auch so gewesen. Maria war geschieden, sie arbeitete in einem Laden und hatte einen Sohn, der in der Stadt auf die Mittelschule ging und dort auch im Internat war. Eryk zog bei ihr ein, in ihr gemütliches hübsches Haus mit riesigem Fernseher. Sie hatte eine schlanke Taille, üppige Rundungen, helle Haut, und sie trug eng anliegende Leggings. Rasch lernte sie, Kartoffeln auf Speck zuzubereiten und gab noch Majoran und Muskatnuss dazu. Er hackte dafür an seinen freien Tagen mit Begeisterung Holz für den Kamin. Es hielt anderthalb Jahre, dann ging ihm alles auf die Nerven: das unablässige Murmeln des Fernsehers, das grelle Licht, der Lappen neben dem Aufwischtuch, auf den man die schmutzigen Schuhe stellen musste, und auch die Muskatnuss. Als er sich ein paarmal betrunken und den Matrosen mit erhobenem Finger Ansprachen gehalten hatte, warf sie ihn aus dem Haus und zog bald darauf zu ihrem Sohn aufs Festland.

*

Es war der 1. März, Aschermittwoch. Als Eryk die Augen aufschlug, sah er das graue Licht und Schneeregen, der auf den Scheiben schmierige Spuren hinterließ. Sein alter Name fiel ihm ein. Er hatte ihn fast vergessen. Er sprach ihn laut aus, und es hörte sich an, als hätte ein Fremder ihn gerufen. Im Kopf verspürte er den wohlbekannten Druck nach dem gestrigen Betrinken.

Wir müssen nun wissen, dass die Chinesen zwei Namen haben. Der eine wird von den Eltern gegeben, mit ihm wird das Kind gerufen, gerügt, zur Ordnung gemahnt und auch in zärtlichen Koseformen angesprochen. Doch wenn das Kind hinaus ins Leben geht, sucht es sich einen anderen Namen aus, einen äußeren, weltlichen Namen, eine Namen-Person. Diesen Namen legt es an wie eine Uniform, wie ein Chorhemd, einen Kampfgürtel, Kleidung für einen offiziellen Cocktailempfang. Dieser Name ist praktisch und leicht zu merken. Von nun an wird er von dem Menschen zeugen. Je weltweiter, universaler, leichter wiederzuerkennen er ist, umso besser. Fort mit der lokalen Begrenztheit unserer Namen. Fort mit Oldrzich, Sung Yin, Kazimierz und Jyrek, fort mit Blazen, Liu und Milica. Es lebe Michael, Judith, Anna, Jan, Samuel und Eryk!

Und heute antwortete Eryk auf den Ruf bei seinem alten Namen: Hier bin ich.

Niemand kennt ihn, deshalb werde ich ihn auch nicht nennen.

Der Mann namens Eryk zog seine grüne Uniform mit den Abzeichen der »Vereinigten Fähren des Nordens« an, kämmte sich mit den Fingern durch den Bart, schaltete in seinem verkümmerten Häuschen die Heizung aus und machte sich auf den Weg an der asphaltierten Straße entlang. Während er in seinem Glaskasten das Beladen der Fähre abwartete, trank er ein Bier aus der Dose und steckte sich die erste Zigarette an. Von oben winkte er Eliza und ihrer kleinen Tochter zu, ganz freundschaftlich, als wollte er sie dafür entschädigen, dass sie heute den Kindergarten nicht erreichen würden.

Als die Fähre vom Ufer abgelegt hatte und schon auf halbem Wege zwischen den beiden Anlegestellen war, zögerte er plötzlich und nahm dann Kurs aufs offene Meer.

Nicht jeder merkte, was los war. Manche waren so an die Routine der geraden Strecke gewöhnt, dass sie abgestumpft und gleichgültig auf den sich entfernenden Küstenstreifen blickten, was mit Sicherheit Eryks alkoholisierte Theorien bekräftigte, dass das Reisen auf Fähren die Gehirnwindungen geradebiegt. Andere merkten nach kurzer Zeit, was geschah.

»Eryk, was machst du da! Kehr sofort um!«, schrie Alfred ihm zu, und Eliza schaltete sich mit hoher kreischender Stimme ein: »Die Leute werden zu spät zur Arbeit kommen!«

Alfred wollte zu Eryk hinaufsteigen, doch der hatte die kleine Pforte vorsichtshalber geschlossen und den Schlüssel in seiner Kabine herumgedreht.

Er sah von oben, wie alle gleichzeitig ihre Mobiltelefone hervorholten und anriefen, empört etwas in den leeren Raum sprachen und dazu aufgeregt gestikulierten. Er konnte sich denken, was sie sagten. Dass sie sich zur Arbeit verspäten würden, dass sie gespannt sind, wer ihnen eine Entschädigung für den seelischen Schaden bezahlen wird, dass man nicht solche Trunkenbolde einstellen dürfte, dass alle wussten, dass es so enden würde, dass es nicht genug Arbeit für die Einheimischen gebe, während hier solche Immigranten eingestellt würden; egal wie gut so einer die Sprache gelernt hätte, es blieb doch immer ein …

Eryk kümmerte sich einfach nicht darum. Befriedigt stellte er fest, dass sie sich nach einiger Zeit beruhigten, sich auf ihre Plätze setzten und zuschauten, wie der Himmel aufklarte und zwischen den Wolken schöne Lichtgarben direkt ins Meer fallen ließ. Nur eines machte ihm Sorgen, und zwar das hellblaue Mäntelchen von Elizas Tochter, das war (wie jeder Seewolf wusste) auf einem Schiffsdeck ein schlechtes Omen. Er kniff die Augen zusammen und versuchte, nicht dran zu denken. Er nahm Kurs auf den Ozean und brachte den Fahrgästen eine Kiste Cola und Salzstangen hinunter, die er schon lange für diesen Anlass besorgt und bereitgestellt hatte. Offensichtlich tat ihnen dieser kleine Imbiss gut, denn die Kinder, den Blick auf die immer ferner entschwindende Küste der Insel geheftet, wurden still, und die Erwachsenen zeigten wachsendes Interesse an der Reise.

»Wohin hast du Kurs genommen?«, fragte der Jüngere der Brüder T. und musste von der Cola aufstoßen.

»Wie lange brauchen wir, bis wir aufs offene Meer kommen?«, fragte die Kindergärtnerin Eliza.

»Haben Sie auch an einen Vorrat an Treibstoff gedacht?«, erkundigte sich der alte Herr S. mit den kranken Nieren.

Zumindest kam es Eryk so vor, als sagten sie das und sonst nichts. Er bemühte sich, sie nicht anzuschauen und nicht nervös zu werden. Er hatte den Blick schon auf die Linie des Horizonts gerichtet, der bis jetzt seine Augen in zwei Hälften geschnitten hatte: eine, die vom Wasser dunkel, und die andere, die vom Wasser hell war. Die Passagiere hatten sich ja auch beruhigt. Sie drückten sich die Mützen in die Stirn, banden ihre Schals enger. Man könnte sagen, sie fuhren in völliger Stille dahin, bis das Knattern eines Hubschraubers und das Heulen von Polizeibooten diese durchschnitt.

»Es gibt Dinge, die geschehen von selbst, es gibt Reisen, die beginnen und enden im Traum, und es gibt Reisende, die antworten auf den gestammelten Ruf ihrer eigenen Unruhe. Ein solcher steht nun vor Ihnen...« Mit diesen Worten begann der Verteidiger seine Rede bei Eryks kurzem Prozess im Gericht. Leider hatte diese bewegende Rede des Verteidigers nicht die gewünschte Wirkung, und unser Held geriet wieder für eine gewisse Zeit ins Gefängnis, ich hoffe, zu seinem Vorteil. Denn für ihn gibt es ohnehin nichts anderes mehr als das dem Meer mit seinen unerforschten Gezeiten entlehnte wogende Auf und Ab.

Doch damit werden wir uns jetzt nicht befassen.

Doch was, wenn mich nun am Ende dieser Geschichte jemand fragen wollte, wenn dieser seine Zweifel ausführen wollte, ob diese die Wahrheit und nichts als die Wahrheit ist. Wenn er mich an der Schulter fasste, mich ungeduldig schüttelte und schrie: »Ich beschwöre dich, sag mir doch aus tiefster Überzeugung, ob diese Geschichte wirklich wahr ist? Bitte mir zu verzeihen, wenn ich zu aufdringlich bin –«, dann würde ich ihm verzeihen und antworten: »So wahr mir Gott helfe, und auf meine Ehr, die Geschichte, welche ich Euch erzählt, Meine Damen und Herren, ist im Kern und in ihren wesentlichen Punkten wahr. Ich weiß, dass sie wahr ist; es geschah auf diesem Erdenrund; ich selbst betrat diese Fähre.«

Elke Heidenreich

Yannick

Wir waren jung und verliebt und zelteten in Frankreich am Meer, es waren die siebziger Jahre. Ein kleiner Bauernjunge, Yannick, kam jeden Tag neugierig an unser Zelt. Ihm gefielen unsere langen Haare, die Hippieklamotten, die Zigaretten, die wir rauchten. Wir ließen ihn seine ersten Züge unter Aufsicht nehmen, wie ließen ihn ans Steuer des 2 cv, wir brachten ihm ein deutsches Gedicht und Schwimmen bei. Abends saß er bei uns, und wir hörten im Kofferradio die Stones, »You can't always get what you want«. Als er weinte, weil sein Vater ihn schlug, redeten wir mit dem Bauern.

Es war ein schöner, unbeschwerter Sommer.

Nach sechs Wochen reisten wir ab. Wir dachten noch manchmal an den kleinen, sensiblen Yannick, aber dann vergaßen wir ihn.

Mehr als zwanzig Jahre später fuhren wir wieder in diese Gegend, auf alten Spuren unseres Lebens. Wir schwammen wieder im Meer, suchten die alten Plätze und Kneipen auf, besuchten auch den Bauern. Er war tot, aber seine Frau lebte noch und hatte gerade Besuch – von Yannick. Er war ein junger schöner Mann geworden und lebte als Metrofahrer in Paris. Er umarmte uns und weinte, nie habe er uns vergessen, sagte er, wir dich auch nicht, logen wir. Und er zeigte und Fotos seiner beiden Kinder. Ein Junge, ein Mädchen. Sie trugen unsere Namen.

Tessa Hadley

Sonnenstich

Der Strand liegt nicht direkt am Meer, sondern am Bristol Channel: Wales ist als blaue
Hügelkette auf der anderen Seite zu sehen. Die
Gemeinde hat Sand ankarren lassen und als Ab-
grenzung ein kompliziertes und hässliches System aus Deichen und steinernen Wellenbrechern
errichtet, damit der Strand mehr wie ein Strand
aussieht, aber die Einheimischen sind der Ansicht, dass alles bei der ersten Springflut wegge-
schwemmt werden wird. Beherzte Kinder waten
auf dem weichen braunen Schlamm weit hinaus
bis zum lauwarmen Wasser, das kaum die Kraft
hat, sich zu einer Art Welle zu erheben. Man kann
kaum glauben, dass diese Jungs und Mädchen, die
zu Hause Playstations und Internet haben, immer
noch Spaß daran finden, mit Krabbennetzen auf
die Gezeitentümpel rauszupaddeln, die sich mit
der Ebbe gebildet haben. Aber sie tun es, und sie
können sich stundenlang darin vertiefen, wie Kinder es schon seit Jahrzehnten und Generationen
machen.

Es ist ein Sommertag mit demselben blauen Himmel und den lustig weiß gebauschten Schäfchenwolken, wie ihn Postkarten zeigen. Die High Street ist mit Fähnchen und Wimpeln festlich geschmückt; die Spielzeugläden haben die Metallkörbe mit Eimern, Schaufeln und Plastikfahnen rausgestellt; die Cafés machen mit dem Nachmittagstee und dem Verkauf von Pommes ein gutes Geschäft. Viele verbringen dieses Jahr ihren Urlaub in Somerset. Mit sonnenverbrannter Haut kaufen sie in Shorts und Sonnenbrille, umgeben von Horden von Kindern, handgemachtes Eis, besuchen die von Liebhabern am Leben erhaltene Dampfeisenbahn, wechseln Zwanzigpfundnoten in Münzgeld und verlieren alles an den Automaten in den Spielhallen. Vor nicht allzu langer Zeit hätte man meinen können, diese alten Seebäder hätten ihre besten Zeiten lange hinter sich, dass sie von all jenen, die ihre Ferien lieber im Ausland verbringen, der älteren Generation überlassen wurden; doch mittlerweile sind manche gar nicht mehr so scharf aufs Fliegen. Diese Touristen gratulieren sich selbst: Bei *dem* Wetter, muss man doch wirklich nicht ins Ausland reisen.

Gegenüber vom Strand befinden sich auf der anderen Straßenseite die Jubilee Gardens (und damit ist Victorias Jubiläum gemeint, nicht das der aktuellen Queen), wo es ein Putting-Green gibt und sogar eine Bühne, auf der heute allerdings niemand spielt. Zwei junge Frauen haben ein chaotisches Familienlager aufgeschlagen aus Taschen, Strickjacken, Plastikwasserflaschen und fallen gelassenen Kindershirts. Sie lagern im fleckigen Halbschatten irgendeines Zierbaums, den keine der beiden zuordnen kann – obwohl sie im Gras auf dem Rücken liegend verträumt zu dem feinen Gitterwerk aus Ästen und Zweigen hinaufgestarrt haben, das im Gegenlicht wie glitzerndes Wasser oszilliert. Die Kinder (beide haben jeweils drei) kreisen immer wieder um ihre Mütter, wollen etwas trinken, wollen Geld, Küsse oder fordern entrüstet Gerechtigkeit. Die Frauen unterbrechen ihr Gespräch kaum, um das zu verteilen, was gerade gebraucht wird, um ihre Portemonnaies zu öffnen und strenge Ultimaten zu verhängen. Sie unterhalten sich, manchmal auch über die Köpfe der Jüngsten hinweg, die heiß und schwer auf ihrem Schoß zusammengerollt, mit ihren klebrigen Tränen Falten in den Sommerkleidern hinterlassen. Das Baby schläft im Buggy; später liegt es auf einer Decke, blinzelt ebenfalls in den Baum und reagiert mit zuckenden Armen und Beinchen auf die wandernden Muster aus Licht.

Schon an ihrem Erscheinungsbild kann man leicht erraten, dass diese Frauen und ihre diversen Kinder nicht in einer der Pensionen dieses Ferienortes wohnen, und ganz sicher nicht in einem der luxussanierten Ferienlager an der Küste. Sie sehen nicht wohlhabend aus (die Kleider der Kinder sind secondhand, die Portemonnaies abgewetzt, und die Frauen blicken mit gerunzelter Stirn hinein), aber sie haben etwas bohemienhaftes an sich, wenn das heute noch etwas zu bedeuten hat. Rachels kurvige Waden und starke nackte Arme sind auf fast herausfordernde Art nicht gebräunt, ihr üppiges tiefdunkles Haar ist zu einem unordentlichen Knoten hochgesteckt. Janie, die die Kunstakademie besucht hat, trägt ein dünnes, kurzes grünes Kleid mit rosa Paisleymuster. Ihr hellbraunes glattes Haar hat sie auf eine Art frisiert, die Rachel gleichzeitig verachtet und bewundert: fransig und schräg, als wäre es aufs Geratewohl geschnitten worden. Beide sind Anfang dreißig, dieses pikante Alter der Veränderung, wenn die äußeren fleischlichen Makel langsam vom Inneren durch Charakter und Erfahrung geglättet werden.

Sie machen einen Tagesausflug in die Stadt. Rachel und ihr Mann Sam besitzen ein Cottage im Landesinneren, in dem sie ihre Ferien verbringen; Janie und ihr Partner Vince sind gerade zu Besuch. Rachel und Janie sind schon seit der Schulzeit beste Freundinnen. Gemeinsam haben sie in Brighton ihren Abschluss gemacht und dort auch zusammengewohnt. Als Rachel wieder nach Bristol zog, wo beide aufgewachsen waren (Sam arbeitete dort für die BBC), suchte sich Janie einen Job in London und blieb. Sie ähneln sich nicht auf den ersten Blick: Rachel ist impulsiv und klingt schnell barsch und laut; Janie dagegen ist eher ironisch und skeptisch. Aber sie erzählen einander alles, oder fast alles. In den langen Monaten zwischen ihren Treffen telefonieren sie stundenlang. Beide haben auch andere Freunde, aber es ist nicht dasselbe: Es gibt niemanden sonst, dem sie ihr Seelenleben mit derselben Freiheit bloßlegen können.

Schon seit dem Aufstehen sprechen die beiden heute intensiv miteinander. Zuerst kam Rachel in Janies Schlafzimmer und setzte sich im Pyjama aufs Bett, während Janie Lulu stillte, dann unterhielten sie sich weiter, als sie die Matratzen der Kinder in Ordnung brachten, die über die gesamte Breite des Dachgeschosses ausgelegt waren. Vor ein paar Stunden zogen sie die Kinder an und fuhren mit ihnen in die Stadt; angeblich um ein paar Besorgungen zu machen und die Kinder an die frische Luft zu locken, damit Sam in Ruhe schreiben konnte, aber die ganze Zeit über hatten sie sich schon darauf gefreut – auf den faulen, köstlichen, gestohlenen Nachmittag, den sie mit Nichtstun verbrachten, fern von ihren Männern, über die sie unablässig redeten. Sie greifen tief in ihre Portemonnaies, und die Kinder spüren, dass was rauszuschlagen ist. Die älteren Jungs rennen zum Spielzeugladen und kaufen Pistolen für sich selbst und Windräder für die Kleinen.

Wie viele quälende Hausfrauentage haben diese jungen Mütter auf sich genommen, um sich diesen Tag im Sonnenschein, umgeben von ihren schönen, herumtobenden Kindern, zu verdienen? Beide gehen einem symbolischen Job außer Haus nach – Janie gibt ein paar Stunden Kunsttherapie für behinderte Kinder, Rachel lektoriert ein wenig – aber im Grunde sind sie seit Jahren halb freiwillig in der warmen Gemüsesuppe der Mutterschaft versunken, wodurch ihr Leben erstaunlicherweise sehr dem ihrer eigenen Mütter dreißig Jahre zuvor gleicht. Wie das passieren konnte, ist ihnen nicht ganz klar; vor der Geburt der Kinder wiesen ihre jeweiligen Beziehungen jedes Zeichen einer modernen Lebensgemeinschaft auf, um die Gleichwertigkeit zweier Karrieren und die geteilte Hausarbeit herum gebaut.

Keine der beiden ist wirklich unglücklich, aber in ihrem Inneren ist ein Gefühl des Ennuis entstanden, eines ungelebten Lebens. Während sie vollauf mit Buggy schieben, Fischstäbchen braten und Popo wischen beschäftigt waren, musste es irgendwo eine andere Welt voller intensiver Erfahrungen für Erwachsene geben. Es fühlt sich an, als wären sie durch ihre ständige Beschäftigung mit infantilen Themen auch selbst wieder zu Kindern geworden;

als würde ihr erwachsenes Ich ganz umsonst zu voller Süße reifen – verschwendet. Dieser sinnliche Überschuss ist ihnen fast anzusehen. Er schimmert auf ihrer Haut und in ihren Augen, wie Sahne, die an die Milchoberfläche steigt (obwohl keine von beiden dick ist: Rachel ist groß und muskulös, Janie schlank und jungenhaft, nur ihre Brüste sind wegen des Stillens prall). Auf gewisse Art wissen sie selbst, wie deutlich sie ihre sexuelle Bereitschaft verströmen. Sie wissen, welchen Anblick sie abgeben, wie sie sich hier in ihren Sommerkleidern unter dem Baum rekeln, während ihre Brut um sie herumtollt.

Die Kinder nutzen die Gunst der Stunde und verlangen nach Eis.

»Ach bitte, bitte, Mami, bitte, bitte.«

»Dann sind wir viel länger brav, und du musst dich gar nicht mehr um uns kümmern.«

Die Pistolen, die die Jungs gekauft haben, wurden in Deutschland hergestellt, und auf der grellorange leuchtenden Explosion im Inneren der Verpackung steht auf Englisch *Bang Bang*, aber auch *Toller Knall*. Die Kinder richten die Pistolen gegenseitig auf ihre Köpfe und brüllen »toller Knall, toller Knall«, und lachen sich dann schlapp darüber, wie harmlos es klingt.

»Ihr wisst, dass ich das nicht mag«, sagt Rachel. »Ich kann es überhaupt nicht leiden, wenn man Waffen auf Köpfe richtet.«

»Mum, das ist doch nur Plastikspielzeug«, erklärt Joshua geduldig. »Wahrscheinlich ist es gefährlicher, wenn ich ihn mit dem Finger pikse.«

Aber die Jungs lenken ungetrübter Stimmung ein und zielen mit einem zugekniffenen Auge auf imaginäre Hasen im Gras.

»Sam ermutigt ihn sogar dazu«, flüstert Rachel Janie zu. »Er will, dass Joshua einem Schützenverein betritt. Er kommt mit diesem ganzen Zeug an, von wegen dem Jungen Respekt vor Waffen beibringen.«

»Aber hat er nicht immer gegen den Waffenhandel gewettert?«

»Ach, irgendwann wahrscheinlich schon. Aber ich mach mir weniger Sorgen um seine Prinzipien: Hast du mal gesehen, wie er versucht, ein Regal aufzubauen? Bei Joshua habe ich weniger Bedenken. Sam ist es, den man nicht in die Nähe einer Waffe lassen sollte.«

Janies mittleres Kind Melia (viel schwieriger als die charmanten Jungs) tut so, als täten ihr die armen Häschen leid, und bricht in echte Tränen aus. Rachel fragt sich manchmal, ob Melia mit ein bisschen weniger Verständnis nicht besser klarkommen würde, aber sie schweigt diplomatisch, während Janie tröstet und verhandelt. Rachel hat den Eindruck, dass ihr das Muttersein mehr liegt als Janie; Janie ist verträumter und vermisst das Alleinsein sehr.

»Vielleicht ist Eis doch eine gute Idee«, beschließt Janie.

Die Kinder pflanzen ihre bunten Plastikwindrädchen ins Gras und rennen los, um sich bei dem gelb-weiß gestrichenen Café anzustellen. Rachel erzählt Janie von einem Mann, Kieran, einem Freund von Sam aus London, mit dem sich womöglich etwas anbahnt. Janie kennt Kieran auch, aber nicht besonders gut.

»Eigentlich ist es gar nichts. Wahrscheinlich ist es gar nichts«, sagt Rachel. »Du denkst bestimmt, ich bilde mir das alles nur ein. Aber es war schon komisch, dass er letzten Monat eines Abends einfach vor der Tür stand, als er seine Eltern in Bristol besuchte. Er wusste sicher, dass Sam nicht da war. Ich hatte Sukey und Dom gerade in die Wanne gesteckt, trug uralte Klamotten, die Ärmel hochgekrempelt, die Haare nur mit einem Gummi hochgebunden und hatte sie bestimmt seit dem Aufstehen nicht mehr gekämmt.«

»Vielleicht steht er ja drauf«, sagte Janie. »Du kennst das doch, manche Männer fahren so richtig ab auf domestizierte Frauen – nur nicht auf die, mit denen sie zusammenleben, ist ja klar.«

»Joshua hat die Tür aufgemacht, sonst hätte ich gar nicht reagiert. Und dann dachte ich, er würde gleich wieder gehen, weil Sam nicht da war, aber er kam ins Bad und half mir mit den Kindern. Er war richtig nett – wir haben uns wahnsinnig gut verstanden. Während ich ihnen vorgelesen habe, hat er das Bad sauber gemacht – das hab ich erst später bemerkt. Sam würde nie im Leben von allein auf die Idee kommen, das Bad zu putzen. Ich dachte immer, Kieran ist so ein superernsthafter Intellektueller – der immer nur über Habermas oder Adorno oder so reden will. Aber wir haben die ganze Zeit rumgealbert, und dann hat er mir von den Kindern seiner Schwester erzählt. Dom hat uns mit den Badeenten vollgespritzt, wir beide waren danach klatschnass, und ich hab mich die ganze Zeit entschuldigt, aber Kieran hat gesagt, er findet es super. ›Ich find's super‹, hat er gesagt. Und danach hab ich mich gefragt, was er mir damit sagen wollte. Was genau fand er super? Aber vielleicht habe ich's auch nur falsch verstanden.«

Janie denkt, dass Rachel viel zu empfänglich für Männer ist; dass sie die männlichen Motive und Charaktere durch ihren skeptischen Argwohn selbst viel besser einschätzen kann. Außerdem versteht sie nicht, wie Rachel mit Sams Launen klarkommt. Sie hat mit Vince ihre eigenen Probleme, aber sie würde niemals zulassen, dass jemand ihr Leben so sehr beherrscht, wie Sam es mit Rachels macht durch seine düsteren Blicke, sein Schweigen und seine Wutanfälle.

»Neulich Abend hätte ich Kieran fast angerufen«, erzählt Rachel. »In der Woche, bevor wir ins Cottage gefahren sind, hab ich seine Nummer gewählt, habe aber aufgelegt, bevor es geklingelt hat. Ich hab mir eingeredet, es wäre ganz normal und freundlich, ihn anzurufen. Ich wollte mich nur bei ihm beschweren – du weißt schon, eine lustige Geschichte aus meinem chaotischen Tag machen. Vielleicht hätte ich es tun sollen. Und ich hätte sagen wollen, dass er vorbeikommen und ein paar Tage mit uns auf dem Land verbringen soll.«

Janie ist mit Kümmern beschäftigt. Sie stillt Lulu, während die Schatten der Blätter über ihre nackte Brust flackern und der Kopf des Babys sich rhythmisch beim Saugen bewegt. »Lass dir bloß nicht wehtun«, sagt sie.

Rachel wirft sich ruhelos ins Gras. »Schön wär's«, sagt sie.

»Ich würde warten«, sagte Janie, »bis er sich meldet.«

Später dreht Rachel mit den Kindern eine Runde auf dem Putting-Green. Sie sind unglaublich langsam, weil sie eine so große Gruppe sind und die Kleinen wahnsinnig viele Abschläge brauchen, um den Ball ins Loch zu kriegen, obwohl Joshua und Tom sogar großzügigerweise ein wenig für sie mogeln. Melia wirft ihr Eisen ins Gras, schmollt, latscht ihnen hinterher und holt sie dann wieder ein. Etwa nach der Hälfte haben sich mehrere

Spielergruppen hinter ihnen angesammelt, und Rachel ordnet eine Pause an und lässt sie vor. Sie rennt zu Janie, die vom Rand aus neben dem Buggy zusieht. Sie hat eine Idee. Wenn sie mit der Runde fertig sind, könnten sie doch Würstchen und Pommes beim Café holen, damit sie heute Abend nicht kochen müssen. Diese kleine Freiheit scheint diesem schönen Tag angemessen. Die drohende Schufterei – Kartoffeln schälen, braten, füttern, abwaschen – hebt sich so leicht vom Abend wie eine treibende Wolke. Warum nicht? Das Leben kann doch auch ganz einfach sein. Rachel ruft Sam und Vince an, um ihnen zu sagen, dass sie für sich selbst kochen sollen. Sie muss ein wenig zwischen die Bäume gehen, um guten Empfang zu kriegen.

Als Rachel das Telefon wegsteckt und sich umdreht, denkt Janie einen Augenblick lang, Sam hätte etwas Fieses gesagt. Rachels Gesicht sieht vollkommen konzentriert und überrascht aus; sie geht übers Gras zurück, als müsste sie genau darauf achten, wohin sie ihre nackten Füße setzt.

»Da kommst du nie drauf«, sagt sie.

»Was?«

»Kieran ist aufgetaucht.«

»O Rach.«

»Aber ich hab ihn gar nicht angerufen. Ich hab ihn nie gefragt. Er war schon vorher ein paarmal da. Offenbar ist er heute Nachmittag einfach vorbeigekommen. Er wusste, dass wir im Cottage sind, weil Sam es erwähnt hat. Sam kocht irgendwelche Nudeln.«

»Freust du dich?«

»Es fühlt sich wie ein Zeichen an: dass ich mir das alles nicht eingebildet habe.«

»Ja, wahrscheinlich.«

»Ich hab wirklich schon gedacht, ich phantasiere nur rum. Aber du hast gemeint, ich sollte warten, bis er sich meldet, und jetzt hat er's getan. Irgendwie. Als wäre es ernst.«

Beim Golfen hatte sich Rachels Haar zum Teil aus den Spangen gelöst; lange Strähnen kräuselten sich in ihrem Nacken – eine klassische Schönheit mit wächserner, heller Haut, wie ein Porträt von Reynolds. Ihr haftet nicht die körperliche Leichtigkeit oder Beweglichkeit an, die auf Affären schließen lässt, der einfache Übergang von einem Mann zum anderen, Geheimnisse. Die Jungs rufen vom Grün herüber; sie sind wieder an der Reihe. Nachdenklich hebt sie ihren Puttingschläger auf. Janie spürt, dass sie Aufregung wie Hitze ausstrahlt.

Kierans Besuch im Cottage hätte für die Männer dort seltsam werden können, denn Kieran und Sam verband seit dem College eine jahrelange Freundschaft; Sam kannte Vince dagegen nur durch Janie und hielt ihn für eine Art Dünnbrettbohrer.

Während Sam vormittags am Computer arbeitete, mühte er sich, nicht darauf zu achten, dass Vince unten offenbar nichts mit sich anzufangen wusste, durch die Zimmer schlenderte, die Zeitung von gestern las oder sich was zu essen machte. Sam war genervt, weil die Mädels Vince nicht mit in die Stadt genommen hatten, und dann blieben sie auch noch so lange weg.

Allerdings hatte Kieran eine große Plastiktüte mit Gras dabei, das schon während sie den Joint drehten und rauchten für eine unmittelbare, gut gelaunte Kumpelhaftigkeit sorgte. Sie fläzten sich in die sonnenbeschienenen Plastikstühle im Garten, rauchten und tranken eine Tasse Tee nach der anderen. Sam war so erleichtert, die Konversation mit Vince nicht ganz allein bestreiten zu müssen, dass er ihm gegenüber fast übertrieben freundlich wurde. Er hatte sich noch nie merken können, womit Vince seinen Lebensunterhalt verdiente. (In der Regel versucht er das zu verschleiern, indem er über den zeitgenössischen Roman sprach: Sam hat vor drei Jahren einen veröffentlicht und sollte eigentlich am nächsten arbeiten.) Diskret lenkt er das Gespräch jetzt auf die Art von Crossover-Elektro-Musik, die Vince hört, wie er sich erinnerte, und Vince erzählt ihnen, dass er kürzlich die Visuals für ein Konzert in der Queen Elizabeth Hall übernommen hat. Vince will unbedingt gut ankommen.

Er ist hager, sein Gesicht ist so keilförmig schmal wie das eines Collies und sein hell gebleichtes, seidiges Haar fällt ihm in die Augen. Er sieht auf eine Art gut aus, die Frauen gefällt, Männer aber gleichzeitig nicht gegen sie aufbringt. Sam kreidet Vince nicht an, dass er selbst breitschultrig ist und gerade etwas Fleisch ansetzt. Seine braunen Locken dünnen sich aus, er trägt eine kleine gold gerandete Brille, und ihm gefällt die Vorstellung, dass er dem mittelalten Coleridge ähnelt.

Der Frieden des Nachmittags wirkt umso tiefer, weil die ganzen Kinderspielzeuge noch immer dort liegen, wo sie fallen gelassen wurden, die Fahrräder auf der Seite ruhen, die Schaukel stillsteht. Das Cottage liegt versteckt am Grund einer Landfurche, die sich tief zwischen den runden Hügeln hindurchzieht; Schafe grasen auf dem Feld, das sich hinter dem Häuschen so steil erhebt, dass man von dem Pfad am unteren Rand aus fast das Dach berühren könnte. In der weiten Kuppel sanften Lichts über ihnen segeln die Bussarde geschmeidig und kreischend dahin und drehen ihre blasse Unterseite der sinkenden Sonne zu. Zaunkönige picken die Läuse von Rachels Gartenerbsen.

Kieran erzählt den anderen von seinem Großvater, der im Vertrieb einer Firma für private Telefonanlagen gearbeitet hat, die ihr Hauptgeschäft mit Zechen machte; seine Region war, unweit des Cottage, das Kohlerevier Südwestenglands gewesen, das mittlerweile ausgeweidet und vergessen war. Die Minentelefone waren aus Gusseisen, berichtet er, und wogen je einen Zentner. Kieran ist kleiner als die beiden anderen; er hat einen großen, markanten Kopf mit tief liegenden Augen, die meist nach unten blicken; seinen schwarzen Bart hat er mehrere Tage nicht rasiert. Seine Figur ist schwer zu fassen, er wirkt fast formlos, denn er ist wie immer in weite, dunkle Kleidung gehüllt, in mehr Schichten als bei diesem Wetter nötig wären.

»Im Norden von Wales hat er auch gearbeitet«, erzählt Kieran, »hat Telefonanlagen in die Schiefersteinbrüche eingebaut. Wisst ihr, dass die durchschnittliche Lebenserwartung von Minenarbeitern zwischen fünfunddreißig und vierzig lag, weil sie an Staublungen starben? Die örtlichen Ärzte gaben in ihren Berichten dem gedämpften Tee, den die Arbeiter tranken, die Schuld.«

Kieran hat immer solche Dinge parat; er vertraut auf Fakten mehr als auf Meinungen. Er spricht wie üblich konzentriert und präzise, aber irgendetwas weckt in Sam die Sorge um sein Wohlergehen. So war es in ihrer Freundschaft schon von Anfang an gewesen. Kierans Gesicht ist ein wenig aufgedunsen und neben seinem rechten Auge zuckt ein Nerv; er beugt sich angespannt und gleichzeitig erschöpft über die Papers für den Joint, was Sam befürchten lässt, dass der Job in der Kardiologie des St Bartholomew's Hospital Kieran alle Illusionen genommen hat und er an seiner zweiten Karriere, die ihn aus der akademischen Zwecklosigkeit hätte erretten sollen, zu zweifeln beginnt. Er erzählt keine Geschichten mehr über medizinische Dilemmas und Patienten mit ganz außergewöhnlichen Symptomen. In diesen Geschichten schien die Welt durch seine Arbeit als Mediziner eine ganz neue Bedeutung zu bekommen.

Rachel ruft im Cottage an, um Sam zu sagen, dass Janie und sie das Abendessen für die Kinder in der Stadt besorgen. Er ist erleichtert, dass Kierans Ankunft sie gar nicht zu stören scheint. Nach einer weiteren Runde Tee und Joints geht Sam in die Küche, macht den Kühlschrank auf und betrachtet ratlos und mit gerunzelter Stirn dessen Inhalt. Dann beginnt er ein wenig zerstreut, als täte er es zum allerersten Mal, mit der Tomatensoße, die er seit mindestens fünfzehn Jahren kochen kann. Er kramt in den Küchenschubladen auf der Suche nach Holzkochlöffel und Knoblauchpresse. Kieran öffnet im Garten seine mitgebrachte Flasche Wein. Vince scheint sich mit Wein auszukennen. Kieran nicht; er trinkt ihn einfach nur. Genau wie beim Essen – er nimmt etwas zu sich, um das System am Laufen zu halten.

Anfangs war es Vince unangenehm, mit diesen

beiden Männern allein zu sein, die älter waren als er und deren Zurschaustellung ihrer Cleverness ihn so sehr einschüchterte wie ärgerte. Er liest, aber nicht die Bücher, die sie gelesen haben. (Er weiß, dass sie Literaturwissenschaft studiert haben, aber seiner Meinung nach sprechen sie meistens über Philosophie.) Als Janie vormittags mit Rachel und den Kindern loszog und Sam oben schrieb, hatte Vince sich gefragt, warum er eigentlich hier war (ging es bei diesem Urlaub nicht darum, dass er mehr Zeit mit den Kindern verbrachte?), und er spielte sogar mit dem Gedanken, nach London zu fahren und sie am Wochenende wieder abzuholen. Er vergeudete hier nur seine Tage, die er im Studio nutzen könnte. Doch nach ein paar Joints pulsierte seine gesellige Ader wieder stärker, und er hat Spaß; er freut sich schon darauf, wenn die Kinder zurückkommen, denn er will ja wirklich mehr Zeit mit ihnen verbringen.

Als Sam sich in der Küche ans Kochen macht, erzählt Vince Kieran plötzlich sehr detailliert von der Logistik für die Beleuchtungsanlage einer Show in Albany. Kierans Nachfragen fühlen sich an wie eine Belohnung. Vince erzählt weiter von den Sorgen der Branche darüber, dass die Qualität von Tonaufnahmen für Fernsehen und Dokumentarfilm so gesunken sei, weil sich dank der Digitaltechnik niemand mehr die Mühe mache, die alten Tontechniker zu engagieren. Der Newsletter von BECTU, der Gewerkschaft für Rundfunk, Unterhaltung, Kommunikation und Theater, sei voller Wehklagen nach dem früheren Niveau. Kieran ist ein viel besserer Zuhörer als Sam. Sam will immer das Gespräch an sich reißen. Vince hat versucht, Sams Roman zu lesen, aber es nicht über das zweite Kapitel hinaus geschafft. Keine einzige der Figuren hat Gedanken, die nicht in ein verzweigtes Dickicht aus historischen oder kulturellen Assoziationen führen. Es ist gar kein Platz, damit tatsächlich mal irgendwas passiert.

Als Janie und Rachel durch das Gartentor treten, springt Kieran sofort von den Gartenliegen hoch, auf denen die Männer (allem Anschein nach stoned) herumhängen. Auf dem Tisch stehen Teller, eine Pfanne liegt daneben im Gras. Beiden Frauen fällt auf, dass Kieran in dem Moment, als sie die Arme voller Kinder und Einkäufe im Blickfeld erscheinen, Rachel ansieht. Einen Augenblick lang spiegelt sich das nackte Gefühl auf seinem Gesicht: Erleichterung, oder vielleicht auch Verzweiflung. Er läuft auf sie zu, um ihnen etwas abzunehmen. Als Reaktion auf seine Gefühlswallung wird Rachel majestätisch und unnahbar, sie zieht sich in ihre Rolle als Hausfrau zurück, verstaut die Einkäufe in den Küchenfächern und im Kühlschrank und lässt heißes Wasser über das schmutzige Pasta-Geschirr laufen.

Schon bald nach ihrer Rückkehr wird Sukey schlapp. Das ist nicht normal, eigentlich ist sie ein fröhliches kleines Mädchen mit kräftigen Armen und Beinen und strohigem hellen Haar. Jetzt jammert sie und klammert sich an Rachel und sagt, ihr Kopf tue weh. Ihr Gesicht ist gerötet und heiß, und sobald Rachel sie mit Kuschelhund und Decke aufs Sofa gelegt hat, spuckt sie alles mit ihrem Mageninhalt voll.

»Zu viel Sonne. Meine Schuld«, sagt Rachel mit einem Tuch und einem Eimer Desinfektionsmittel auf Händen und Knien putzend. Sukey liegt in eine Decke gewickelt ermattet auf Sams Schoß, den Kopf über einer Plastikschüssel. »Ich hätte darauf bestehen müssen, dass sie einen Hut trägt. Sie hätten mehr im Schatten bleiben sollen.«

»Wir müssen nicht ins Pub«, sagt Sam, »wenn dir nicht wohl dabei ist.«

Es gab den Plan, dass alle Erwachsenen ins Pub gehen, zehn Minuten zu Fuß die Straße ins Dorf runter. Joshua und Tom sollten für den Notfall mit Handys ausgerüstet auf die Kleineren aufpassen.

»Geht ihr mal«, sagt Rachel. »Ich bin sicher, wir müssen uns keine großen Sorgen machen. Aber ich bin ziemlich müde und habe gar nichts dagegen, früh ins Bett zu gehen. Und dann kann ich sie ein wenig im Auge behalten.«

Kieran geht in die Hocke bis er auf Sukeys Höhe ist und spricht ernst und liebevoll mit ihr; sie fügt sich, erlaubt ihm, die Hand auf ihre Stirn zu legen, das Augenlid hochzuziehen, um sich ihre Pupille anzusehen, und ihren Puls zu fühlen. Seine Finger mit den abgebissenen, gelblichen Nägeln und den schwarzen Haaren wirken dunkel und zu männlich auf ihrer perlrosa Haut. Rachels Augen haften auf Kierans ruhigem Gesicht.

Er sagt zu Sukey: »Mami weiß genau, was los ist. Ich würde ihr vertrauen. Mamis wissen so was meistens am besten. Ich glaube nicht, dass du dir irgendwelche Sorgen machen musst.«

Und er lächelt zu Rachels erwartungsvoll blickenden Augen.

Kieran lächelt nicht besonders häufig. Und wenn doch, wird sein Gesicht ziemlich fröhlich und gewöhnlich. Wie eine Verschnaufpause, als wäre ein drohendes Problem unerwartet ganz leicht zu lösen.

»Warum wartest du nicht einfach ab, wie es ihr in einer halben Stunde geht?«, fragt er. »Wenn sie halbwegs gut einschläft, wüsste ich nicht, warum du sie nicht allein lassen kannst. Wahrscheinlich tut dir eine Pause auch mal gut.«

»Vielleicht«, murmelt Rachel dankbar.

Sam denkt, wenn Kieran aus seinem Dasein als Arzt so etwas ziehen kann – für medizinische Autorität mit demütigem Vertrauen belohnt zu werden –, vielleicht ist es dann doch der richtige Job für ihn.

Eine Viertelstunde später sind Janie und Rachel dabei, Dom und Melia zu baden.

»Rach, warum willst du nicht mit ins Pub? Es macht mir echt nichts aus hierzubleiben. Ich bin mir sowieso nicht sicher, ob Lulu durchschläft, und ich kann dich anrufen, falls Sukey noch mal spuckt.«

»Nein, im Ernst, ich bleibe lieber hier.«

»Ich dachte bloß, Kieran ist ja nur die eine Nacht da.«

Rachel verbirgt ihr unwillkürliches Lächeln in Doms Frosch-Badeponcho. »Da ist doch was, oder?«, flüstert sie.

»Himmel, ja«, flüstert Janie zurück. »Wie er dich angesehen hat, als wir heimgekommen sind.«

»Ich weiß.«

»Also geh ins Pub.«

»Nein. Ich glaube nicht. Ich bin nicht bereit. Noch nicht.«

Sukey muss sich nicht mehr übergeben, und sie ist auch nicht mehr heiß. Rachel liest ihr etwas vor und bleibt an ihrem Bett, bis sie tief schläft. Auch alle anderen Kinder schlafen mittlerweile, außer Joshua und Tom, die im Wohnzimmer eine DVD anschauen. Rachel geht nach unten und dann raus in den Garten. Das Licht weicht fast unmerklich vom Himmel; das samtige Pflaumenblau der Blutbuche saugt die Dunkelheit auf. Gelbes Licht von den Fenstern des Hauses glitzert auf den Betonplatten des Innenhofs. Durch die Terrassentür flackert der Fernseher und beleuchtet die Umrisse der Köpfe der Jungs, die gebannt in den Fernseher blicken.

Vince kommt vom Pub zurück, weil er seine Zigaretten vergessen hat. Er bleibt im Garten stehen, um eine zu rauchen. Sie nimmt auch eine, obwohl sie sonst nicht raucht, und sie freuen sich über die gegenseitige Zugewandtheit. Vince hat Rachel gern, sie ist nicht sein Typ, aber warmherzig und fürsorglich. Rachel dagegen fühlt mit Vince – wahrscheinlich macht Janie ihm das Leben schwer. Er sagt ihr, wie gut es ihm hier gefällt (seine Unsicherheit vom Morgen hat er schon vergessen). Er spricht darüber, wie viel ihm dieser Ort bedeutet, und dass er und Janie wirklich versuchen sollten, aus London wegzuziehen. Es ist nicht fair, Kinder dort großzuziehen; sie brauchen weite, offene Flächen und Kontakt zur Natur. Rachel hört ihm nachsichtig zu, sie weiß, dass das ohnehin nicht passieren wird, weil Vince auf dem Land vor Langeweile eingehen würde.

Als er weg ist, lärmen über ihr die Krähen. Es ist noch dunkler. Motten besuchen wie ein blasser Windhauch Rachels Schnittlauch und den Bauerntabak. Eine Fledermaus wirbelt die Luft mit dem Schlag ihrer ledrigen Flügel auf. Einen Augenblick lang flammt in ihr der Impuls auf, den Jungs zu sagen, dass sie doch noch ins Pub geht und sie auf die Babys aufpassen sollen. Aber sie rührt sich nicht, bleibt wie angewurzelt inmitten der ruhigen Luft voller unsichtbarer Bewegungen stehen, gebadet in die Duftschwaden der Balsampappel.

Auf dem Heimweg vom Pub fallen Janie und Kieran zurück, weil er sagt, dass er eine Eule hören kann, und sie stehen bleibt, um zu lauschen. Sie freut sich aufrichtig, als auch sie sie hört. An diesem Abend haben sie nicht viel miteinander gesprochen. Sam und Kieran stritten über den Irak (es ist typisch für Kieran, dass er den Krieg nicht verurteilt, wenn alle anderen es tun). Janie hatte mit Vince eines dieser Gespräche darüber, dass er von jetzt an mehr zu Hause sein will, um ihr Raum für ihre künstlerische Arbeit zu geben. (Diesmal hat er nicht erwähnt, oder zumindest nur am Rande, dass seine Arbeit Geld einbringt und ihre nicht.) Janie hat Kieran nie wirklich vertraut; sie hatte ihn immer für einen von Sams Cambridge-Kumpels gehalten, viel zu sehr mit sich selbst und damit beschäftigt, seine intellektuelle Position zu behaupten. Was hat er nur mit Rachel im Sinn?

Um den Pub herum gibt es noch Straßenbeleuchtung, aber als sie zu den Hügeln zum Cottage abbiegen, tauchen sie in eine tiefe und vollständige Dunkelheit ein, die für diese an das allgegenwärtige orange schimmernde urbane Licht gewöhnten Städter völlig erstaunlich ist. An eine Taschenlampe haben sie nicht gedacht. In diese dichte, hemmende Dunkelheit hineinzuspazieren scheint so sehr der Intuition zuwider zu laufen, wie gegen eine Wand zu rennen.

Janie gerät ins Straucheln. »Ich habe keine Ahnung, wohin ich trete«, sagt sie.

»Halt dich an mir fest«, sagt Kieran und streckt die Hand aus. »Obwohl ich auch keine Ahnung habe.«

»Wenn wir irgendwo reinstürzen, dann wohl zumindest gemeinsam.«

Sie können einander nicht sehen; sie spürt seine suchende Hand und klammert sich mit beiden Händen an seinen Oberarm. Sie erinnert sich an das Hemd, das er trägt – grün mit gelbem Muster aus irgendeinem glatten Material –, als wäre das plötzlich von Bedeutung, obwohl sie es den ganzen Abend völlig uninteressiert wahrgenommen hatte (wenn überhaupt, dann mit Abneigung). Ihre Finger gleiten über den glatten Stoff. Seine Hand tastet nach ihrem nackten Arm unter der Strickjacke, die sie über die Schultern gelegt hat.

Weiter vorne sind die Stimmen der anderen zu hören. »Alles okay, Janie?«, ruft Vince.

»Alles gut!«

»Verdammt dunkel!«, ruft Kieran. »Verdammtes Kuhkaff!«

»Navigier mit den verdammten Sternen!«, ruft Sam zurück.

Kieran und Janie haben beide genug getrunken, um ins Wanken zu geraten, und halten sich nun ohne irgendwelche sichtbaren Wegmarken mitten auf der Straße aneinander fest. Sie stolpern und er umfasst sie, zieht sie an sich und beginnt dann ihr Gesicht zu küssen mit seinem rauchigen Bier- und Knoblauchatem (der Knoblauch war in der Pasta, die sie und Rachel nicht gegessen haben). Zuerst küsst er blindlings, aufs Ohr, seitlich an die Nase. Nach der ersten Überraschung küsst sie zurück, fährt mit der Hand in sein Haar und findet mit ihrem Mund seinen. Es ist lange her, seit sie zuletzt einen anderen als Vince richtig geküsst hat; wie schön, dass das immer noch so einfach und geschmeidig funktioniert. Dann wird ihr schwummerig, sie verlieren das Gleichgewicht und stürzen beinah. Er stellt die Beine breit auseinander, um sie zu stützen, und legt einen Arm um ihre Schultern.

»Wer bist du?«, fragt er leise und so nah, dass sie seinen Atem auf sich spürt. »Es ist so dunkel, du könntest jede sein.«

Sie kann die salzige Herbheit seiner Haare riechen, als hätte er für Shampoo nicht viel übrig. »Ich habe keine Ahnung«, sagt sie. »Wer bist du? Was ist gerade passiert?«

»Nicht aufhören. Bitte, hör nicht auf.« Seine Stimme klingt flehend, er meint es ernst.

Janie denkt, dass er genau das gemeint hat, als er Rachel am Nachmittag angesehen hatte: Er sehnte sich danach, sich so zu verlieren. Sie erfüllt dieses Bedürfnis für ihn genauso gut wie Rachel; und trotzdem ist dieser Gedanke nicht kränkend, sondern erregend. Sie fühlt genau das Gleiche: Auch für sie genügt Kieran völlig. Sie hört nicht auf. Sie fängt wieder an.

Sein Mund ist heiß und feucht. Seine Lippen fühlen sich geschwollen und dünnhäutig an; sein Bart ist lang genug, damit die Stoppeln an ihrem Mund und ihrer nassen Wange nicht kratzen. Sie denkt an die unzähligen Partys bei Sam und Rachel, bei denen sie stumm geblieben war, während Kieran äußerst eloquent über irgendein Thema gesprochen hatte, und jetzt tastet sich dieselbe Zunge vorsichtig und schüchtern an ihre heran – und ihre ist mutiger. Es macht die Sache wunderbar einfach, dass aus diesem Moment nicht viel mehr werden kann als ein Kuss. Sie haben nur diesen einen Augenblick, ehe sie den anderen zurück ins Licht folgen müssen.

Vince ruft wieder. Seine Stimme klingt sehr weit entfernt.

»Wir lauschen auf die Eule«, ruft Kieran zurück.

Das schafft Raum zwischen ihnen. Sie weichen ein wenig voneinander ab.

»Schau, was du getan hast«, sagt Janie.

Das hätte sie ihm bei Licht nicht ins Gesicht sagen können.

»Was habe ich getan?«

Sie findet seine Hand und drückt sie an ihre Brust, wo sich auf ihrem Kleid kleine Kreise von Muttermilch gebildet haben.

»Ich stille noch. Sie sind sehr voll, bereit für das Baby, wenn ich nach Hause komme. Deinetwegen legen sie los.«

»Ich wusste nicht, dass das passieren kann«, sagte er ohne Verlegenheit mit einer Stimme voller ruhigem, wissenschaftlichem Interesse.

Diese Worte empfindet Janie als Warnung, ganz leise, wie ein Ton fern in den Bergen. Eine flüchtige Andeutung dessen, was sie in einem anderen Leben als dem, das sie bisher geführt hat, verzweifelt ersehnen und nicht bekommen würde: sein ruhiges, distanziertes Interesse, das nur ihr gilt.

Aber im Augenblick ist Kieran derjenige, der verzweifelt ist.

Rachel glaubt, dass sie wach liegen wird, vollauf beschäftigt mit der Tragweite ihres Lebens heute. Sie denkt, dass sie diese Geschichte mit Kieran nicht vorantreiben wird, nicht jetzt, nicht diesmal. Aber das mindert die Euphorie über das Wissen, dass er sie will, dass er ihr hierher gefolgt ist, nicht. Es weckt in ihr das Gefühl, als gäbe es einen prächtigen, opulenten Strom geheimer Möglichkeiten in der Welt, genug für alle. Sie meint zu spüren, dass sie jetzt in der Lage ist, jederzeit in diesen Strom einzutauchen und sich zu nehmen, was sie will.

Sam liegt neben ihr auf dem Rücken und schnarcht mit offenem Mund, weil er getrunken und geraucht hat. Sie drückt fest gegen ihn, damit er sich auf die Seite dreht, und als sie sich dann an seinen warmen breiten Rücken schmiegt, schläft sie fast sofort ein.

Janie hat Lulu ins Bett geholt, um sie zu stillen; Vince liest eine Computerzeitschrift. Ihr Verrat ihm gegenüber fällt noch nicht ins Gewicht. (Irgendwie denkt sie auch, er sei ihr das schuldig.) Wenn sie sich vorstellt, dass Rachel nach ihren ganzen Gesprächen am Nachmittag herausfinden könnte, was sie gerade mit Kieran gemacht hat, spürt sie eine klamme Unruhe. Dennoch denkt sie keineswegs, dass sie Kierans Kuss hätte abwehren müssen, der diesen prickelnden Raum in der Nacht geöffnet hat. Ein echtes Abenteuer mit einem Mann sollte man sich nicht entgehen lassen. Alles entgleitet einem so schnell – das Wichtigste ist doch, sich so viel Leben zu schnappen, wie man kriegen kann.

Und abgesehen davon war es nur ein Kuss.

Kieran hat gefragt, ob er sie anrufen könne, und sie meinte, sie wisse es noch nicht, aber während das Baby trinkt, fühlt sie, wie ihr altes Leben hohl wird. Sie ist leer und hungrig, voller aufregendem Verlangen, so schmerzhaft und drängend wie Wind.

Rachel hat das Ausziehsofa mit Laken und Decke für Kieran vorbereitet. Sie hatte immer wieder besorgt daran geschnuppert und gesagt, falls es nach Kotze riechen sollte, könne er gern ihr Bett haben, und sie und Sam würden hier unten schlafen. Am Abend hatte er nichts gerochen, jetzt aber schon. Er liegt wach und fragt sich, wie Familien mit diesem permanenten, grauenhaften Halbdämmer von falschem Schlaf klarkommen: Das Treppenlicht ist an, Rascheln und schläfriges Kindergemurmel sind zu hören, nackte Füße trappeln nach unten, geraunter elterlicher Tadel, irgendwann das laute Schreien des Babys, Sams Schnarchen, das Toilettenlicht, das ein Kind zu löschen vergessen hat, weshalb die Lüftung weiter surrt, bis er selbst aufsteht und es ausmacht. Er hört, wie eins von ihnen zu Sam und Rachel ins Bett krabbelt. Er hört, wie das Bett quietscht und protestiert, als die Erwachsenen Platz machen.

Nach seiner Ankunft am Nachmittag war er zur Toilette gegangen und hatte einen Blick in Sams und Rachels Schlafzimmer geworfen. Das breite Doppelbett mit dem schmuddeligen, gestreiften Laken von Habitat und Kleider- und Spielzeugberge auf der aufgeworfenen Decke, Rachels Bürste und ihre Gesichtscreme – das alles wirkte in diesem Augenblick wie der Inbegriff von etwas, nach dem er sich sehnte, etwas, das er verpasst hatte. In den dürren Stunden vor der Dämmerung wirkt die Wahrheit düsterer. Auch in guten Zeiten ist er kein guter Schläfer. Die Decke ist zu warm, und als er sie wegschiebt, ist ihm zu kalt. Plötzlich sehnt er sich nach der vollständigen Ruhe seines eigenen Zimmers, der er, wie er gedacht hatte, durch seine Fahrt hierher entkommen wollte.

Julian Barnes

Unbefugtes Betreten

Nach der Trennung von Cath spielte er mit dem Gedanken, dem Wanderverein beizutreten, doch das kam ihm dann zu absehbar traurig vor. Er konnte sich die Gespräche vorstellen:

»Tag, Geoff. Tut mir leid wegen Cath und dir. Wie geht's dir denn?«

»Oh, gut, danke. Ich bin jetzt im Wanderverein.«

»Gut gemacht.«

Er sah auch den Rest vor sich: Das Vereinsblatt erhalten, die »Einladung an alle« studieren – »Sa 12., 10:30 Uhr, Parkplatz SO Methodistenkirche« –, am Vorabend die Schuhe putzen, ein zusätzliches Sandwich machen – wer weiß –, vielleicht auch noch eine zusätzliche Mandarine einstecken und dann (all seinen Warnungen an sich selbst zum Trotz) mit hoffnungsvollem Herzen zum Parkplatz fahren. Einem hoffnungsvollen Herzen, das verletzt zu werden erwartete. Dann hieße es, die Wanderung überstehen, sich fröhlich verabschieden, nach Hause gehen und zu Abend das übrig gebliebene Sandwich und die Mandarine essen. Das wäre wirklich traurig.

Wandern ging er freilich weiterhin. An fast jedem Wochenende, bei fast jedem Wetter ging er hinaus mit seinen Wanderschuhen, dem Rucksack, der Wasserflasche und der Karte. Er mied auch nicht die Wanderungen, die er mit Cath gemacht hatte. Schließlich waren das nicht »ihre« Wanderungen; und wenn, konnte er sie sich nicht wieder zu eigen machen, indem er sie alleine unternahm? Sie gehörte nicht Cath, die Rundwanderung von Calver aus: den Derwent entlang, durch Froggatt Woods nach Grindleford, vielleicht mit einem Abstecher zum Mittagessen im Grouse Inn, dann vorbei am Steinkreis aus dem Bronzezeitalter, der in den Sommermonaten im Adlerfarn verschwand, zur grandiosen Überraschung des Curbar Edge. Die gehörte nicht ihr; die gehörte niemandem.

Danach trug er in sein Wanderbuch ein: »2 Std. 45 Min.«. Mit Cath hatte sie jeweils 3 Std. 30 Min. gedauert sowie zusätzliche 30 Min., wenn sie im Grouse noch ein Sandwich gegessen hatten. Das gehörte zum Singledasein: Man sparte Zeit. Man wanderte schneller, man kam schneller nach Hause, trank sein Bier schneller, aß schneller zu Abend. Der Sex, den man mit sich allein hatte, war auch schneller. Man sparte so viel Zeit, überlegte Geoff, Zeit zum Einsamsein. Aufhören, sagte sich Geoff: Du darfst kein Trauerkloß werden; du darfst nur traurig sein.

»Ich hatte geglaubt, wir würden heiraten.«

»Drum tun wir's nicht«, hatte Cath geantwortet.

»Das versteh ich nicht.«

»Eben.«

»Erklär's mir bitte.«

»Nein.«

»Warum nicht?«

»Eben darum. Wenn du das nicht siehst, wenn ich das erklären muss – das ist der Grund, warum wir nicht heiraten.«

»Das ist kein logischer Schluss.«

»Nein, es ist nur Schluss.«

Vergiss es, vergiss es, das ist vorbei. Einerseits überließ sie dir gern die Entscheidungen; andererseits warf sie dir Kontrollwahn vor. Einerseits lebte sie gern mit dir zusammen; andererseits wollte sie nicht mehr mit dir zusammenleben. Einerseits wusste sie, dass du ein guter Vater wärst; andererseits wollte sie keine Kinder von dir. Wo blieb da die Logik? Vergiss es.

»Hallo.« Er war über sich selbst erstaunt. Er begrüßte keine unbekannten Frauen beim Anstehen fürs Mittagessen. Unbekannte Frauen begrüßte er nur auf Wanderwegen, wo ihm mit einem Nicken, Lächeln oder Heben des Trekkingstocks geantwortet wurde. Doch sie war ihm bekannt.

»Sie sind aus der Bank.«

»Stimmt.«

»Lynn.«

»Sehr gut.«

Fast schon genial, dass ihm ihr Namensschild hinter dem Panzerglas eingefallen war. Außerdem hatte sie auch die vegetarische Lasagne. Durfte er …? Gern. Es war nur noch ein Tisch frei. Irgendwie war es einfach. Er wusste, dass sie in der Bank arbeitete; sie wusste, dass er an der Schule unterrichtete. Sie war vor ein paar Monaten in die Stadt gezogen, und, nein, sie war noch nie auf dem Hügel oben gewesen. Ob das mit Turnschuhen ginge?

Am folgenden Samstag trug sie Jeans und einen Pullover; sie wirkte teils amüsiert, teils erschrocken, als er seine Wanderschuhe und den Rucksack aus dem Kofferraum holte und seine scharlachrote Goretex-Jacke mit dem Mesh-Futter anzog.

»Sie brauchen Wasser.«

»Ach ja?«

»Es sei denn, Sie wollen aus meiner Flasche trinken.«

Sie nickte; sie gingen los. Während sie von der Stadt aus bergauf gingen, weitete sich der Ausblick, und sie sahen ihre Bank ebenso wie seine Schule. Er ließ sie das Tempo bestimmen. Sie ging leicht. Er wollte sie fragen, wie alt sie sei, ob sie trainiere. Er wollte ihr sagen, sie sehe größer aus, als wenn sie hinter der Scheibe sitze. Stattdessen wies er auf die Überreste eines ehemaligen Schieferbruchs hin und auf die seltene Rasse von Schafen – hießen die Jacobs? –, die Jim Henderson züchtete für Leute im Süden, die Lamm wollten, das nicht nach Lamm schmeckte, und bereit waren, den entsprechenden Preis zu zahlen.

Auf halber Höhe begann es zu nieseln, und er machte sich Sorgen wegen ihrer Turnschuhe auf dem nassen Schiefer in Gipfelnähe. Er hielt an, öffnete den Reißverschluss seines Rucksacks und gab ihr seine zweite Regenjacke. Sie reagierte, als fände sie es normal, dass er eine dabei hatte. Das gefiel ihm. Sie fragte nicht, wem sie gehöre, wer sie hinterlassen habe.

Er reichte ihr die Wasserflasche. Sie trank und wischte den Rand ab.

»Was haben Sie denn noch da drin?«

»Sandwiches und Mandarinen. Oder möchten Sie umkehren?«

»Immerhin keine dieser grauenvollen Plastikhosen.«

»Nein.«

Natürlich hatte er welche. Und nicht nur für sich, sondern er hatte für sie auch noch eine von Cath mitgebracht. Etwas in ihm, etwas Dreistes und Schüchternes zugleich, wollte sagen: »Ich trage North-Cape-Coolmax-Boxershorts mit Ein-Knopf-Schlitz.«

Sowie sie miteinander zu schlafen begonnen hatten, nahm er sie mit ins Great Outdoors.

Sie besorgten ihr Schuhe – ein Paar Brasher Supalites –, und als sie mit den Schuhen an den Füßen aufstand, versuchsweise bis zum Spiegel und zurück ging, dann einen kleinen Stepptanz hinlegte, dachte er bei sich, wie unglaublich sexy kleine Frauenfüße in Wanderschuhen aussahen. Sie besorgten ihr drei Paar ergonomische Trekkingsocken, die dafür entwickelt worden waren, Druckspitzen zu absorbieren, und ihre Augen weiteten sich angesichts der Tatsache, dass es wie bei Schuhen linke und rechte Socken gab. Dann auch drei Paar Unterziehsocken. Sie wählten einen Tagesrucksack oder Tagessack, wie der scharfe Verkäufer sich auszudrücken beliebte, der es für Geoffs Gefühl eindeutig zu bunt trieb. Er hatte Lynn gezeigt, wo der Hüftgurt durchgehen, wie sie die Schulterriemen anziehen und die Brustriemen justieren sollte; jetzt tätschelte er den Sack und spielte auf viel zu intime Weise daran herum.

»Und eine Wasserflasche«, sagte Geoff entschlossen, um all dem ein Ende zu machen.

Sie besorgten ihr eine wasserdichte Jacke, deren Dunkelgrün ihr flammend rotes Haar hervorhob; dann wartete er ab, bis Herr Scharf eine wasserdichte Hose vorschlug und dafür verlacht wurde. An der Kasse zückte Geoff seine Kreditkarte.

»Das darfst du nicht.«

»Ich möchte aber. Ich möchte wirklich.«

»Wieso denn?«

»Ich möchte einfach. Du hast bestimmt bald Geburtstag. Jedenfalls irgendwann in den nächsten zwölf Monaten. Oder nicht?«

»Danke«, sagte Lynn, aber er spürte, dass es sie etwas irritierte. »Packst du sie zu meinem Geburtstag dann noch einmal ein?«

»Mehr als das: Ich putze dann auch noch deine Brashers besonders gründlich. Ach ja«, sagte er zur Kassiererin, »Schuhcreme brauchen wir auch noch. Classic Brown, bitte.«

Bevor sie das nächste Mal wandern gingen, massierte er ihre Schuhe mit Lederfett ein, damit sie weicher wurden und das Wasser besser abstießen. Als seine Hand in die neu riechenden Brashers glitt, stellte er wie schon im Laden fest, dass ihre Schuhgröße eine halbe Nummer kleiner war als die von Cath. Eine halbe Nummer? Ihm kam es wie eine ganze Nummer vor.

Sie machten Hathersage und Padley Chapel; Calke Abbey und Staunton Harold; Dove Dale, das, wo es sich verengt und steiler abfällt, zu Milldale wird; Lathkill Dale von Alport bis Ricklow Quarry; Cromford Canal und den High Peak Trail. Sie erklommen von Hope aus den Lose Hill, dann gingen sie über den Grat, von dem er ihr die schönste Aussicht im ganzen Peak District versprochen hatte, bis zum Mam Tor, wo sich die Gleitschirmflieger versammelten: Hünen, die mit riesigen Rucksäcken den Hügel heraufgeschwitzt kamen, dann auf dem Grashang ihre Baldachine wie Wäsche auslegten und darauf warteten, dass die Aufwärtsströmung sie vom Boden himmelwärts heben würde.

»Wie aufregend«, sagte sie: »Möchtest du das nicht auch mal machen?«

Geoff fielen Männer ein, die mit gebrochenen Rücken in Krankenhäusern lagen, Paraplegiker und Tetraplegiker. Ihm fielen Kollisionen mit Kleinflugzeugen ein. Ihm fiel ein, wie es wäre, den Wind nicht in den Griff zu bekommen, immer höher hinaufgetragen zu werden bis zu den Wolken, herunterzukommen in einer unbekannten Landschaft, sich zu verlaufen, Angst zu bekommen und in die Hose zu machen. Wie es wäre, nicht mit beiden Schuhen auf einem Weg zu stehen, eine Wanderkarte in der Hand.

»Geht so«, antwortete er.

Für ihn hatte Freiheit mit dem Boden zu tun. Er erzählte ihr vom unbefugten Betreten des Hochplateaus namens Kinder Scout in den 1930er-Jahren: Wie Spaziergänger und Wanderer aus Manchester zu Hunderten ins Moorhuhnjagdrevier des Duke of Devonshire geströmt waren, um dagegen zu protestieren, dass ein so kleiner Teil der Landschaften öffentlich zugänglich war; was für ein friedlicher Tag es gewesen war, abgesehen von dem betrunkenen Wildhüter, der sich mit dem eigenen Gewehr erschossen hatte; wie dieses unbefugte Betreten des Geheges dazu geführt hatte, dass Nationalparks geschaffen und Wegerechte festgeschrieben wurden; dass der Anführer des Ganzen vor Kurzem gestorben war, es aber immer noch ein paar Überlebende gab, deren einer mittlerweile 103 war und in einem methodistischen Altersheim in der Nähe wohnte. Geoff fand diese Geschichte viel aufregender als irgendwelches Gleitschirmgeflatter.

»Die sind dem einfach über sein Land gestampft?«

»Nicht gestampft. Gestapft wohl eher.« Geoff gefiel seine Berichtigung.

»Es war aber sein Land?«

»Technisch ja, historisch vielleicht nicht.«

»Bist du Sozialist?«

»Ich bin für das Recht, frei herumzuschweifen«, sagte er vorsichtig. Bloß keinen Fehltritt riskieren.

»Schon gut. Mir ist egal, was du bist.«

»Was bist du denn?«

»Ich gehe nicht wählen.«

Ermutigt sagte er: »Ich wähle Labour.«

»Das dacht' ich mir.«

In seinem Wanderbuch trug er die Routen ein, die Daten, das Wetter, die Dauer und am Schluss ein rotes »L« für »Lynn«. Im Gegensatz zum blauen »C« für »Cath«. Die Zeiten blieben sich unabhängig von den Initialen ungefähr gleich.

Sollte er ihr einen Trekkingstock kaufen? Er wollte den Bogen nicht überspannen: Einen Wanderhut hatte sie kategorisch abgelehnt, obschon ihr alle Vorzüge und Nachteile dargelegt worden waren. Nicht dass es Nachteile gegeben hätte. Aber immer noch besser ein unbedeckter Kopf als eine Baseballkappe. Wanderer mit Baseballkappen konnte er einfach nicht ernst nehmen, weder Wanderer noch Wanderinnen.

Er könnte ihr einen Kompass kaufen. Allerdings hatte er selbst einen und benutzte ihn kaum. Sollte er sich je den Knöchel brechen und ihr von Schmerzen gebeutelt erklären müssen, wie sie über das Moor marschieren solle, indem sie jene baufällige Schafhürde als Bezugspunkt nähme und dann immer in Richtung NNO ginge – wobei er ihr zeigte, wie sie am Instrument drehen und die Richtung festlegen müsste –, dann könnte sie zu diesem Zweck ja seinen borgen. Ein Kompass für zwei – das war irgendwie richtig. Symbolisch, könnte man sagen.

Sie machten die Kinder-Downfall-Rundwanderung: Parkplatz Bowden Bridge, das Reservoir, dann auf dem Pennine Way zum Downfall, bei Red Brook rechts abbiegen und hinab am Tunstead

House vorbei und den Kinder-Stones. Er erzählte ihr von der durchschnittlichen Niederschlagsmenge und dass bei Temperaturen unter null der Downfall zu einer Kaskade von Eiszapfen gefror. Da lachte dem Winterwanderer das Herz im Leib.

Sie antwortete nicht. Aber sie würden ihr ja sowieso zuerst eine Fleecejacke besorgen müssen, wenn sie im Winter auf 600 Meter gehen wollten. Zum Glück hatte er noch die Ausgabe von *Country Walking* mit dem Fleece-Test drin.

Auf dem Parkplatz blickte er auf die Uhr.

»Sind wir zu spät für etwas?«

»Nein, ich habe nur nachgerechnet. Vier ein Viertel.«

»Ist das gut oder schlecht?«

»Gut, weil ich mit dir zusammen bin.«

Gut auch, weil Cath und er jeweils auch vier ein Viertel gebraucht hatten, und egal, was man sonst über Cath sagen mochte: Sie war eine fitte Wanderin.

Lynn zündete sich eine Silk Cut an, wie sie das nach jeder Wanderung tat. Sie rauchte nicht viel, und es störte ihn nicht wirklich, auch wenn er es für eine blöde Angewohnheit hielt. Wo sie doch gerade ihr Herz-Kreislauf-System so richtig auf Trab gebracht hatte ... Doch als Lehrer wusste er: Mal war es richtig, etwas frontal anzugehen, mal besser, einen Umweg zu nehmen.

»Wir könnten nach Weihnachten wieder da hoch. Im neuen Jahr.« Ja, dann könnte er ihr die Fleecejacke schenken.

Sie blickte ihn an und nahm einen tiefen Zug von ihrer Zigarette.

»Falls es kalt genug ist: für die Eiszapfen.«

»Geoff«, sagte sie, »du kommst mir ins Gehege.«

»Ich wollte nur –«

»Du kommst mir ins Gehege.«

»Ja, Miss Duke of Devonshire.«

Das fand sie jedoch nicht witzig, und auf der Rückfahrt schwiegen sie die meiste Zeit. Vielleicht hatte er ihr ein bisschen viel zugemutet. War ja schon anstrengend, so eine Höhendifferenz von 300 Metern oder mehr.

Er hatte die Pizzen in den Ofen geschoben, den Tisch gedeckt und riss gerade seine erste Bierdose auf, als sie sagte: »Hör mal, was haben wir jetzt? Juni. Wir haben uns kennengelernt im – Februar?«

»Januar, am neunundzwanzigsten«, korrigierte er automatisch, wie wenn einer seiner Schüler 1079 für das Datum der Schlacht von Hastings hielt.

»Januar, am neunundzwanzigsten«, wiederholte sie: »Hör mal, ich glaube nicht, dass ich Weihnachten packe.«

»Selbstverständlich. Familie und so.«

»Nein, es geht nicht um meine Familie. Obschon

ich eine Familie habe. Es geht darum, dass ich Weihnachten nicht packe.«

Wenn Geoff sich mit diesem Phänomen konfrontiert sah, das er – auch wenn er prinzipiell vom Gegenteil überzeugt war – nur als krasses Beispiel für weibliche Unlogik empfinden konnte, tendierte er zum Verstummen. Eben warst du noch diesen Weg lang getrabt, hattest das Gewicht auf deinen Schultern kaum bemerkt, und plötzlich warst du mitten in Gestrüpp, ohne Pfad, ohne Wegmarken, Nebel breitete sich aus, und der Boden unter den Füßen wurde morastig.

Als sie nicht weitermachte, versuchte er ihr zu helfen. »Ich mag Weihnachten auch nicht so besonders. Dieses Gefresse und Gesaufe. Aber –«

»Wer weiß, wo ich an Weihnachten sein werde.«

»Wie? Glaubst du, die Bank könnte dich versetzen?« Das hatte er sich noch nie überlegt.

»Hör zu, Geoff. Wir haben uns im Januar kennengelernt, wie du deutlich gemacht hast. Wir haben es … gut. Ich fühle mich wohl, so weit wohl …«

»Alles klar. Genau.« Das war es wieder. Das, was er einfach nicht besser in den Griff bekam. »Das heißt, nein, natürlich nicht. Ich wollte damit nicht … Ich stell beim Ofen mal eben die Unterhitze höher. Damit der Boden knusprig …« Er nahm einen Schluck Bier.

»Das Einzige –«

»Sag's nicht. Ich weiß. Ich versteh, was du meinst.« Er wollte noch ein »Miss Duke of Devonshire« dranhängen, ließ es bleiben, und als er später darüber nachdachte, sagte er sich, dass das es wohl auch nicht besser gemacht hätte.

Im September überredete er sie dazu, einen Tag freizunehmen, damit sie die Rundwanderung von Calver aus machen könnten. Die unternahm man besser nicht am Wochenende, wenn alle Wanderer und Felsenkletterer auf dem Curbar Edge herumkraxelten.

Sie parkten in der Sackgasse beim Bridge Inn, dann gingen sie los und kamen auf der anderen Seite des Derwent an der Calver Mill vorbei.

»Die soll Richard Arkwright gebaut haben«, sagte er, »1785, glaube ich.«

»Das ist jetzt keine Mühle mehr.«

»Wie man sieht, nein. Büros. Vielleicht Wohnungen. Oder beides.«

Sie gingen den Fluss entlang, vorbei am tosenden Wehr, durch Froggatt und dann durch Froggatt Wood nach Grindleford. Als sie aus dem Wald kamen, war Geoff, auch wenn die Herbstsonne schwach war, froh um seinen Hut. Lynn weigerte sich nach wie vor, einen zu kaufen, und Geoff würde das Thema wohl bis Frühling nicht mehr anschneiden. Sie war braun geworden während der Sommermonate, und ihre Sommersprossen waren jetzt deutlicher als damals, als er sie kennengelernt hatte.

Von Grindleford ging es steil den Berg hoch, was sie ohne Murren hinnahm; dann schritt er über ein Feld voran zum Grouse Inn. Sie setzten sich für ein Sandwich an die Bar. Danach fragte der Barmann: »Kaffee?« Sie sagte Ja, er sagte Nein. Er hielt nichts von Kaffee beim Wandern. Bloß Wasser gegen die Dehydrierung. Kaffee war ein Stimulans, und dabei lief doch die ganze Theorie darauf hinaus, dass das Wandern selbst so anregend war, dass es keiner Hilfsmittel bedurfte. Alkohol: Blödsinn. Ihm waren sogar schon Wanderer untergekommen, die Joints geraucht hatten.

Er sagte ihr dies und das dazu, was vielleicht ein Fehler war, denn sie sagte: »Ich trinke nur einen Kaffee, stimmt's?« – und dann zündete sie sich eine Silk Cut an. Wartete diesmal nicht das Ende der Wanderung ab. Sie blickte ihn an.

»Ja?«

»Ich habe nichts gesagt.«

»Ist auch nicht nötig.«

Geoff seufzte. »Ich habe ganz vergessen, auf den Wegweiser hinzuweisen, als wir nach Grindleford kamen. Der ist eine Antiquität. Fast hundert Jahre alt. Davon gibt es nicht mehr viele im Peak District.«

Sie blies ihm Rauch entgegen, absichtlich, wie es schien.

»Übrigens, genau, habe ich irgendwo gelesen, dass Zigaretten mit wenig Teer genauso ungesund sind, weil man tiefer inhaliert, um genug Nikotin zu bekommen, sodass man letztlich mehr Giftstoffe in die Lunge aufnimmt.«

»Dann könnte ich ja wieder Marlboro Lights rauchen.«

Sie gingen ein Stück zurück bis zum Wanderweg, überquerten eine Straße und bogen beim Wegweiser zum Eastern Moors Estate links ab.

»Ist hier irgendwo der Steinkreis aus dem Bronzezeitalter?«

»Kann sein.«

»Was soll das heißen?«

Die Frage war berechtigt. Aber es hatte nun mal keinen Sinn, sich zu verleugnen, nicht wahr? Er war 31, er hatte eigene Ansichten, und er wusste so einiges.

»Der Steinkreis kommt jetzt dann auf der linken Seite. Aber ich finde, den sollten wir uns ein andermal anschauen.«

»Ein andermal?«

»Jetzt steht er mitten im Adlerfarn.«

»Du meinst, man sieht dann zu wenig.«

»Nein, nicht deswegen. Das heißt, man sieht ihn in anderen Jahreszeiten tatsächlich besser. Es geht mir um was anderes: Von August bis Oktober ist es nicht ratsam, durch Adlerfarn zu gehen. Oder auch nur in Windrichtung davon.«

»Du erklärst mir jetzt gleich, warum, nicht wahr?«

»Na ja, jetzt, wo du fragst. Also: Wenn du zehn Minuten lang durch Adlerfarn gehst, atmest du bis zu 50 000 Sporen ein. Die sind zu groß für die Lunge, also kommen sie in den Magen. Tests haben gezeigt, dass sie bei Tieren Krebs erregen.«

»Was ein Glück, dass Kühe nicht auch noch rauchen.«

»Außerdem gibt es Zecken, die Lymeborreliose übertragen, die –«

»Und deshalb?«

»Und deshalb musst du, wenn du durch Adlerfarn gehst, die Hosenbeine in die Socken stopfen, darfst die Ärmel ja nicht hochkrempeln und musst eine Gesichtsmaske tragen.«

»Eine Gesichtsmaske?«

»Es gibt eine von Respro.« Sie hatte gefragt, und wer fragte, bekam eine entsprechende Antwort verpasst. »Das sogenannte Banditentuch von Respro.«

Als sie sicher war, dass er fertig war, sagte sie: »Danke. Jetzt leih mir dein Taschentuch.«

Sie stopfte ihre Hosenbeine in die Socken, rollte ihre hochgekrempelten Ärmel hinunter, band sich sein Taschentuch wie ein Bandit vors Gesicht und stapfte in den Adlerfarn. Er wartete auf der windabgewandten Seite. Was man auch noch tun konnte: Bug Proof auf die Hose und die Socken sprühen. Das war ein Kontaktgift, das die Zecken tötete. Persönlich ausprobiert hatte er es nicht. Noch nicht.

Nachdem sie zurückgekommen war, gingen sie schweigend über den Sandsteingrat, der entweder Froggatt Edge oder Curbar Edge oder beides hieß, das war ihm im Moment egal. Der Grasboden hier oben war federnd und wuchs direkt bis zum Rand, von wo es wohl mehr als hundert Meter abwärts ging. Das war jedes Mal wieder eine Überraschung: Ohne das Gefühl zu haben, heftig geklettert zu sein, fand man sich plötzlich erstaunlich hoch oben wieder, Kilometer über dem sonnenbeschienenen Tal mit seinen winzigen Dörfern. Man brauchte nicht mit einem verdammten Gleitschirm herumzugondeln, um so eine Aussicht zu genießen. Hier in der Gegend hatte es Steinbrüche gegeben, aus denen viele Mühlsteine des Landes stammten. Doch das sagte er ihr nicht.

Er liebte diese Stelle. Als er das erste Mal hergekommen war, hatte er ins Tal hinuntergeschaut, meilenweit kein Mensch zu sehen, als plötzlich zu seinen Füßen ein Gesicht mit einem Helm aufgetaucht war und aus dem Nichts ein bärtiger Bergsteiger sich aufs Gras hochgehievt hatte. Das Leben steckte einfach voller Überraschungen, nicht wahr? Bergsteiger, Höhlenforscher, Gleitschirmflieger. Die Leute glaubten, in der Luft sei man frei wie ein Vogel. Von wegen. Auch dort gab es Regeln, wie überall. Lynn stand jetzt seiner Ansicht nach zu nah am Abgrund.

Geoff sagte nichts. Er spürte auch nichts. Verwundert war er schon, aber das würde sich legen. Er ging wieder los, ohne sich darum zu kümmern, ob sie ihm folgte oder nicht. Noch weitere 800 Meter auf dieser Höhe, dann ein recht steiler Abstieg zurück nach Calver. Er machte sich gerade Gedanken über die Arbeit der kommenden Woche, als er sie schreien hörte.

Er rannte zurück, sein Rucksack hüpfte, und in seiner Flasche glückste das Wasser.

»Herrgott, bist du okay? Ist es der Fuß? Ich hätte dich warnen sollen vor den Kaninchenbauen.«

Doch sie sah ihn nur an, ausdruckslos. Schock, wahrscheinlich.

»Bist du verletzt?«

»Nein.«

»Hast du den Knöchel verstaucht?«

»Nein.«

Er sah auf ihre Brasher Supalites hinab: Adlerfarn hatte sich in den Ösen verfangen, und dass er sie am Morgen noch poliert hatte, war nicht mehr zu sehen. »Entschuldige – das versteh ich nicht.«

»Was?«

»Warum du geschrien hast.«

»Weil mir danach war.«

Ah, da fehlten mal wieder die Wegmarken.
»Und ... warum war dir danach?«

»Einfach so.«

Nein, das hatte er falsch gehört oder missverstanden oder was. »Hör zu, es tut mir leid, vielleicht habe ich dir eine zu harte Wanderung –«

»Mir geht's gut, hab ich doch gesagt.«

»War es, weil –«

»Ich hab's dir gesagt: Mir war einfach danach.«

Sie ließen den Gritgrat hinter sich und gingen schweigend hinunter zum Wagen. Als er seine Schnürsenkel löste, zündete sie sich eine Zigarette an. Pardon, aber dieser Sache musste er auf den Grund gehen.

»Hatte das etwas mit mir zu tun?«

»Nein, es hatte etwas mit mir zu tun. Schließlich bin ich diejenige, die geschrien hat.«

»Ist dir danach, es wieder zu tun? Jetzt zum Beispiel?«

»Wie meinst du das?«

»Ich meine, wenn dir jetzt wieder danach wäre zu schreien, was wäre das für ein Gefühl?«

»Es wäre ein Gefühl, Geoff, als sei mir wieder danach zu schreien.«

»Und wann, glaubst du, wirst du das wieder tun?«

Darauf antwortete sie nicht, was keinen von beiden erstaunte. Sie zermalmte die Silk Cut mit ihrem Supalite, begann die Schnürsenkel zu lösen und schnippte Adlerfarnfetzen auf den Asphalt.

»4 Std. inkl. Mittag Grouse«, trug er in seinem Wanderbuch ein. »Wetter gut.« In der hintersten Kolonne trug er ein rotes »L« am Schluss einer un-unterbrochenen Vertikalen roter »L« ein. In dieser Nacht legte er sich quer ins Bett. Na dann viel Glück, Alter, dachte er. Während des Frühstücks blätterte er in einer Nummer von *Country Walking* und füllte dann das Anmeldeformular für den Wanderverein aus. Da stand, man könne entweder per Scheck zahlen oder per Lastschriftverfahren. Das überlegte er eine Weile, dann entschied er sich für das Lastschriftverfahren.

Ewald Arenz

Camping

Wir waren aus dem Auto gestiegen. Eben ging die Sonne über dem Meer unter und tauchte den Campingplatz in ein warmes rotes Licht, das sich freundlich im Wasser spiegelte. Das Wasser stammte von dem Gewitter, das sich eben verzog, und in diesem Wasser standen die meisten Zelte jetzt ungefähr fußhoch. Unser Atem dampfte in der feuchtkalten Abendluft. Juliane hatte die Hosenbeine hochgekrempelt, bevor sie aus dem Auto gestiegen war.

»Ich hätte im Auto nicht lesen sollen«, sagte sie schließlich. »Kann es sein, dass du Toskana mit Nordkap verwechselt hast?«

Theo kurbelte das Fenster herunter, sah kurz zu, wie ein älteres Ehepaar seine Schlafsäcke auswrang, kurbelte das Fenster wieder hoch und sagte: »Ich schlafe im Auto.«

Otto dagegen war nach zwölf Stunden Fahrt nicht mehr zu halten und hatte die Tür geöffnet, bevor Juliane »Nein!« schreien konnte. Er sprang aus dem Auto, ohne sich umzusehen, landete klatschend im Wasser, rutschte aus und schlitterte in einer schmutzigen Fontäne zwischen die Reifen.

Als wir das Kind geborgen hatten, hätte Juliane ohne Weiteres bei einem Wet-T-Shirt-Contest mitmachen können. Oder beim Schlammcatchen.

Philly sah aus dem Fenster und öffnete seit zwölf Stunden das erste Mal den Mund: »Seht ihr«, sagte sie in mürrischer Schadenfreude, »das wäre alles nicht passiert, wenn wir nach Irland geflogen wären!«

»Philly«, sagte ich mühsam beherrscht, »es ist mir egal, dass dein Freund nach Irland geflogen ist. Du bist vierzehn. Urlaube werden mit der Familie verbracht!«

»Ich glaube nicht, dass man das hier als Urlaub bezeichnen kann«, sagte Juliane, nachdem sie ihr Gesicht getrocknet und sich auf dem verwüsteten Campingplatz umgesehen hatte, »manche Richter ordnen so was als letzte Resozialisierungsmöglichkeit vor der Haft an.«

Ich holte tief Luft. »Hört zu«, sagte ich, so ruhig ich konnte, »ich bin zwölf Stunden gefahren. Währenddessen habe ich zwölf Stunden lang *Freddy der Esel* und *Love Letter* gehört. Gleichzeitig, weil Philly und Otto sich nicht einigen konnten. Und da Theo sich von gestern Abend bis heute Morgen von seinen Freunden und ihrem Bier verabschiedet hat, mussten wir jede Stunde rasten. Ich glaube, wir haben 22 Euro für Toiletten ausgegeben. Und wenn dir nicht vom Lesen schlecht gewesen wäre«, wandte ich mich direkt an Juliane, »dann hätte ich etwas schneller als 90 Stundenkilometer fahren können und wir wären zwei Stunden vor dem Gewitter dagewesen und …«

»Und außerdem bist du kein Wettergott«, ergänzte Theo trocken, »wissen wir schon. Leider. Sonst wäre ich Thors Sohn. Aber ich bin eben nur der Sohn eines Toren …«

Er hatte das Fenster wieder zu, bevor mein nasses Hemd ihn treffen konnte. Juliane pflügte durchs Wasser ein Hügelchen hoch, zu dessen Füßen die Ruinen eines Hauszeltes lagen.

»Hier ist frei!«, rief Juliane. »Und da hat jemand sogar seinen Gaskocher vergessen. Ich koche uns Tee. Komm endlich und bau das Zelt auf.«

Die Kinder saßen im Auto und hörten gemeinsam *Freddy der Esel,* während ich den Zeltsack aus dem Kofferraum wuchtete. Als ich die Stangen an dem weggeschwemmten Hauszelt vorbei nach oben trug, hatte ich für einen Augenblick das Gefühl, als wäre da unter dem Berg Planen eine Bewegung gewesen, und vielleicht hätte ich die erstickten protestierenden Rufe verstanden, hätte Freddy der Esel nicht so laut gesungen. Aber so zuckte ich nur die Schultern und baute das Zelt auf. Ich hatte schließlich eine Familie zu versorgen.

Als Juliane und ich spätabends noch ein Glas Wein tranken, sagte ich nachdenklich: »Ich mag Zelturlaub. Er ist so erholsam.«

»Ja«, sagte Juliane trocken, »Überlebenskampf ist immer erholsam. Für die Überlebenden.«

In den Planen am Fuße des Hügels zirpten die Zikaden in der lauen toskanischen Nacht.

William Boyd

Demütigung

London darf eine zweifelhafte Ehre für sich in
Anspruch nehmen: Nirgendwo sonst auf der
Welt wird die Kunst der Demütigung in solcher
Vollendung praktiziert wie in London. Ich weiß,
wovon ich rede; ich bin ihr jüngstes Opfer. Erst
meine Scheidung – angesichts von Ereignissen
wie dem Krieg in Korea und dem Ableben König
Georgs sollte man meinen, dass die *Times* wahrlich
Wichtigeres zu vermelden hätte als die nunmehr
rechtskräftige Scheidung von meiner Frau nach
achtzehn Monaten Ehe. »Romancier Yves Hill
geschieden; gesteht eheliche Untreue ein«. Selbstverständlich habe ich die Schuld auf mich genommen – allein um mir weitere Wunden zu ersparen,
einen wahren Tod der tausend Schnitte, wenn
publik geworden wäre, dass Felicity *mich* betrogen
hat, und das ausgerechnet mit dieser Null, diesem
Niemand, diesem ganz und gar unbedeutenden
Parvenü Gerald Laing-Turner.

Doch auf die Demütigung der Scheidung folgte
die nächste Demütigung nach Erscheinen meines

vierten Romans, *Rechteck* (Dunn & Melhuish, 10 Shilling 6 Pence), in Form des jähen, brutalen Autodafés meiner so lange genährten Reputation als Autor. Wirkt es unfein, wenn ich bekenne, dass mich diese Demütigung schlimmer schmerzte als die erste? Künstler bin ich schließlich immer noch; Ehemann dagegen nicht mehr. Der Schmerz, den ich empfand, während ich eine feindselige, gallig-giftige Besprechung nach der anderen las, ein ganz realer Bauchschmerz (warum hassen die mich so, all diese Fremden?), ist bis heute nicht ganz abge-klungen. Was soll ein Künstler in einer solch ent-setzlichen Lage tun? Na, Zuflucht in Paris suchen natürlich, der Stadt der Künstler, der Stadt Degas', Prousts, Larbauds, Jean-Pauls und Simones. Ich stieg noch am Abend in den Zug nach Dover, hörte mir in meinem Abteil mutterseelenallein Schall-platten an und schwelgte dabei in Träumen von Paris und seiner heilsamen Wirkung. Der Zauber der Stadt allerdings wollte diesmal nicht so recht wirken. Den Auftakt machte der Besuch im *maison de tolérance*, eine schlaffe und blamable Angele-genheit, gefolgt von einem einsamen, von Melan-cholie verdüsterten Diner und viel zu viel Alko-hol. Verkatert und zornig auf mich selbst saß ich am Morgen darauf im Café de Flore vor einem zischenden, sprudelnden Glas Mineralwasser (in dem sich gerade Bittersalz auflöste) und hing verschwommenen Gedanken über mein Leben nach. Wieso wird dieser starke Schnaps eigentlich *Eau de vie* genannt? *Eau de mort* wäre weitaus passender. Warum reagieren Dirnen auf das vorübergehende körperliche Versagen eines Mannes immer so verständnisvoll? (Antwort: aus Erleichterung.) Wie sollte es mit mir weitergehen? Was sollte Yves »der Gedemütigte« Hill nun mit seinem elenden Leben anstellen? Ich stand in der Mitte meines vierten Jahrzehnts auf Erden, und um mich her lag alles in Schutt und Asche. Felicity und Gerald – gütiger Gott – ausgerechnet von Gerald Laing-Turner Hörner aufgesetzt zu bekommen ... Wie lautete noch das Urteil des *Times*-Kritikers über *Rechteck*? »Ein trübes, horizontloses Meer der unsäglichen Langeweile.« Und wie war George auf die Idee verfallen, das Buch ausgerechnet von Raleigh Maltravers rezensieren zu lassen? ... Irgendwie kam mir sogleich ungebeten ein Satz aus Maltravers' Verriss in den Sinn: »Ein Talent von so geringen Graden, dass es nicht den kleinsten Schatten wirft.« »Von so geringen Graden«? Ging es noch hochtrabender? Wie konnte George das durchgehen lassen?

Ich sah mich suchend im Flore um und gab dem Kellner Zeichen: Zeit für einen Kontertropfen, einen Fernet oder Dubonnet, überlegte ich. Anfang Juni in Paris, und die Stadt schien von englischen Touristen nur so zu wimmeln: wie laut, schroff und unangenehm unsere Sprache doch klingt. Und sie alle waren in englische Zeitungen und Zeitschriften vertieft, in denen fraglos weitere demütigende Meldungen über meine gescheiterte Ehe und meinen gescheiterten Roman standen. Da kam mir die Erleuchtung, auf einmal wusste ich, was zu tun war: arbeiten. Ich musste Paris verlassen, umgehend, und etwas schreiben, egal was. Hauptsache, es brachte Geld ein. Rio, das Atlasgebirge, Shanghai – alles weit weg. Ich bat den Kellner (ein missmutiger Bursche) um einige *jetons* für den Telefonapparat. Er antwortete auf Englisch, obwohl ich gut und fließend Französisch spreche. Ich hatte beschlossen, meinen Agenten anzurufen, Findlay McHarg. Besorg mir einen Job, Findlay, würde ich sagen, einen, der mir die Abreise aus Paris ermöglicht und meine literarischen Fähigkeiten angemessen in klingender Münze entlohnt.

Sainte-Radegonde ist ein Provinzstädtchen von bescheidener Größe und der ideale Ausgangspunkt für eine Spazierfahrt durch dieses herrlich grüne und bezaubernde Flusstal, eines der schönsten, die es im Südwesten gibt. Es liegt in der Dordogne, einige Meilen östlich von Sarlat und ist per Autoreisezug von Bordeaux aus zu erreichen (Zugverbindungen nach Paris gibt es im nahe gelegenen Brive), verfügt über drei ausgezeichnete

Autowerkstätten, ein annehmbares Hotel (Hôtel de la Gare, ***) und zwei große Brasserien am malerischen Platz im Stadtkern, La Place de la République.

»Per Automobil durch das Tal der Dordogne«, von Yves P. Hill. The English Motorist, Juli 1952

Ich war verstimmt über Findlay. Nein, das ist ungerecht. Ich weiß seine unverblümte Art zu schätzen, seine schottisch-herbe Direktheit, genau das brauche ich. Aber, wirklich, *The English Motorist?* Ein Honorar von zwanzig Guineen und dazu Spesen von gerade einmal lumpigen zehn Pfund. Das grenzte an Raub: Um für den Artikel angemessen zu recherchieren, würde mein Honorar für zusätzliche Spesen draufgehen. »Etwas Besseres kann ich so kurzfristig nicht auftreiben«, sagte Findlay. »Das *Rechteck*-Fiasko ist hier noch immer Gesprächsthema Nummer eins.« Er hält wirklich nicht hinter dem kaledonischen Berg, der gute Findlay.

Ich meldete mich im Hôtel de la Gare an und bat um das billigste Zimmer des Hauses. In meinem Kopf nahm nach und nach ein gewitzter Plan Gestalt an. Du bist Romanautor, Yves Hill, sagte ich mir, warum also denkst du dir nicht einfach etwas aus? Mein Zimmer rangierte zu Recht in der niedrigsten Preiskategorie: winzig klein, direkt unterm

Dach mit entsprechenden Schrägen und einem durchgelegenen Bett, das zwischen eine Kommode und einen Tisch mit Waschgeschirr gezwängt war. Das kleine, verschmutzte Fenster befand sich einen Meter neben einem Schornstein, auf dem sich gurrende Tauben drängten (und der ganz überkrustet von Taubenkot war), und bot die Aussicht auf eine Wäscheleine in der Ferne. Unterwegs nach unten fiel mir von der Treppe aus ein Zimmermädchen ins Auge, das zwei prächtige Räume im ersten Stock auslüftete: breite Betten mit gepolstertem Kopfende, getäfelte Wände, hübsch bemalte Kleiderschränke. Ich wandte mich an den Mann an der Rezeption: Hatten Sie nicht gesagt, das Hotel sei voll belegt? In der Tat – wir erwarten die Ankunft der englischen Gäste, Monsieur, sagte er mit einem seltsam scheuen und dabei verschlagenen Lächeln, als wäre ich irgendwie in sein kleines Komplott eingeweiht.

Ich zog los, um mir die beiden Brasserien an der Place de la République anzusehen: das Café Riche und das Café Couderc. Meinem geschulten Auge nach schien das Riche die bessere Lage aufzuweisen (seine *terrasse* wurde warm von der Abendsonne beschienen), während das Couderc die bessere Speisenauswahl hatte. Das Café Couderc wartete sogar mit einem behelfsmäßigen Meeresfrüchte-Stand auf, an dem ein stämmiger junger Bursche mit erstem Bartflaum auf der Oberlippe als *écailler* fungierte und mit stirnrunzelnder Konzentration Austern öffnete – Gewandtheit und Routine würden sich mit der Zeit schon einstellen.

Ich genehmigte mir einen Pernod auf der Terrasse des Riche und genoss die untergehende Sonne, die mir warm aufs Gesicht schien. Zum ersten Mal seit einem Jahr hatte ich das Gefühl zu entspannen, vergaß die ihren Namen ganz zu Unrecht tragende Felicity, ihren Liebhaber und den abstoßenden neuen Bund zwischen den beiden, vergaß die vernichtenden Kritiken, die auf mein *Rechteck* niedergeprasselt waren, und spürte, wie der wohltuende Balsam Frankreichs in mich einsickerte. Ich schlenderte über den Platz zum Couderc und verwickelte den jungen Mann am Austernstand in ein Gespräch. Haben Sie jeden Tag Austern? Fast jeden Tag, sagte er mit einem ausdrucksstarken Achselzucken, die kommen aus Arcachon – kommt ganz auf die Züge an. Ich trat in den Gastraum, wurde an einen ausgesprochen annehmbaren Tisch geleitet, bestellte mir ein Dutzend Fines de claire, eine Flasche des hiesigen Sauvignon Blanc und fing dann an, über meinen nächsten Roman nachzudenken.

Was macht die genuine Natur der Dordogne aus? Der Fluss gleichen Namens entspringt im Massif Central und fließt nach Westen, um sich dort bei

*Bordeaux mit der Garonne zu vereinigen. Die
Vegetation entspricht eher nördlichen Breiten; die
Luft und das Licht dagegen erinnern eher an süd-
liche Gefilde. Es ist eine wahre Freude, auf diesem
dahinmäandernden Grat zwischen Nord- und
Südeuropa zu reisen, und den unternehmungs-
lustigen Autofahrer erwarten an jeder Wegkehre
neue Überraschungen.*

Am nächsten Morgen stand ich in aller Frühe auf
und nahm den Bus nach Brive, wo es nach Aus-
kunft des einfältigen Menschen von der Hotel-
rezeption eine gute Buchhandlung gab. Dort be-
sorgte ich drei verschiedene Reiseführer, alle auf
Französisch, die das Département Dordogne zum
Inhalt hatten. Nach einem miserablen Mittagessen
(man vergisst gern, wie leicht es ist, in Frankreich
schlecht zu speisen) stieg ich in den Bus zurück
nach Ste-Radegonde. Während der Fahrt vertiefte
ich mich in meine Reiseführer, um meine Tour von
Ste-Radegonde nach Bordeaux zu planen, immer
entlang der Dordogne. Wozu der Aufwand einer
Fahrt in einem lärmenden und übel riechenden
Auto und mehrerer Übernachtungen in trostlosen
Provinzhotels, wozu sich die Mühe machen, von
der viel befahrenen Hauptroute abzubiegen, um
vermeintlich bezaubernde abgelegene kleine Dör-
fer zu erkunden? Diese Pfade waren bereits von

anderen beschritten worden – schick stattdessen einfach deine Phantasie auf Reisen, Hill, und lass dich dabei von deinen französischen Reiseführern leiten. Bleib in deiner armseligen Kammer, genieß deinen Aperitif im Riche und deine schlichten, herzhaften Mahlzeiten im Couderc, lass dir dein Honorar und die Spesen telegraphisch auf die hiesige Post anweisen. Du hast dir einen bezahlten Urlaub verdient. Was will *The English Motorist* schon erwarten, wenn man dort so geizig ist?

Vom Zentralmassiv mit seinen trockenen, zerklüfteten, hohen Causses strömt der Fluss durch düstere Schluchten talabwärts, und wenn er sich schließlich durch flache Auenlandschaften windet, vorbei an Walnussgärten und dichten, üppigen Wäldern, ist man in der Zivilisation angekommen. Sein Charakter verändert sich, sobald wir ins Périgord noir kommen, dessen Name auf die Trüffel zurückgeht, die dort zu finden sind, jene knubbligen, dunklen, köstlichen Parasiten – nicht nach jedermanns Geschmack mit ihrem intensiven, moschushaft-erdigen Aroma –, die an den Wurzeln starker Eichen wachsen.

Im Couderc brachte mir Benoît, der junge *écailler*, an jenem Abend mein Dutzend Austern, fertig geöffnet und in einem schimmernden Bett aus Eis angerichtet. Ringsherum platzierte er ordentlich den Teller mit Brot, die kalte Butter und das Schälchen mit kleingehackten Schalotten in Rotweinessig. Dann schenkte er mir gekühlten Sauvignon Blanc nach. *Bon appétit*, Monsieur Hill, sagte er mit einer angedeuteten Verbeugung. Wieder spürte ich, wie mich die Verführung Frankreichs umfing, seine komplexe und doch so entspannte Lebenskultur. »*Merci infiniment*, Benoît«, sagte ich und drückte ihm unauffällig einen Hundert-Franc-Schein in die Hand.

Was ist das Besondere an der Auster und ihrer eigentümlichen, subtilen Betäubung? Ich beträufelte meine Austern mit Zitronensaft, fügte dann der ersten einen halben Teelöffel Schalotten in Essig hinzu, löste das Fleisch mit der Gabel vom letzten Muskelstrang, an dem es hing, und schob es mir in den Mund, wo ich die Auster zwei-, dreimal durchkaute (Kauen ist absolut essenziell, der wahre Geschmack nach Meer wird sonst nicht freigesetzt) und dann herunterschluckte. Dazu ein Bissen Brot, ein Schlückchen kalter Wein: Es ist wie eine Droge, die schnell abhängig macht, man könnte hundert Stück essen, zweihundert – manche machen das sogar –, doch ich begnüge mich immer mit zwölf, das reicht mir.

Ich legte meine letzte Austernschale aus der Hand, schloss kurz die Augen, kaute. Dieser Geschmack ... als ich gleich darauf die Augen aufschlug, sah ich einen großen Mann in einem pistaziengrünen Anzug, der soeben ins Couderc kam und sich suchend umblickte. Dann entdeckte er mich und steuerte zielgerichtet auf meinen Tisch zu. Ich erkannte ihn sofort und spürte, wie sich mir spontan der Magen hob, eine Art Übelkeit, als wäre ich zu schwungvoll im Auto über eine Buckelbrücke gebrettert.

»Yves Hill?«

»Äh, ja?«

»Ich bin Raleigh Maltravers.«

»Verzcihung?«

»Maltravers. Raleigh Maltravers.«

Ich gestattete mir ein verdutztes Lächeln, während sich meine Eingeweide umeinanderwanden wie Aale in einem Topf. »Der Name kommt mir vage bekannt vor«, sagte ich, während ich mir mit der Serviette den Mund abtupfte. »Sind wir uns schon mal begegnet?«

»Wir logieren beide im selben Hotel«, sagte Maltravers.

»Einfach, aber komfortabel.«

Maltravers strich sich übers Kinn. Dabei fiel mir auf, zum ersten Mal überhaupt, dass er einen fast durchsichtig blonden kleinen Kinnbart hatte, eine Art angedeuteten Spitzbart à la van Dyck, aber dazu, eigenartigerweise, keinen Schnurrbart. Er stieß kräftig die Luft aus, als wäre er gerade zu einem wichtigen Entschluss gelangt.

»Ich haben Ihren letzten Roman besprochen, *Rechteck*. Für die *Illuminations*. George hat mich darum gebeten.«

»Ach ja? Die *Illuminations* lese ich nicht. Ich hoffe doch, Sie waren nett.«

»Im Gegenteil. Ich war sogar sehr streng.«

Ich zuckte mit den Schultern, als hätte ich lediglich erfahren, dass mein Zug fünf Minuten Verspätung hatte. So muss man immer reagieren: mit absoluter Gleichgültigkeit, das ist die schärfste Waffe, die man hat. Obwohl sich mir die Kehle zuschnürte, brachte ich die Worte heraus: »Nun ja, *ç'est la vie*.«

»Wie gnädig von Ihnen.« Er streckte mir die Hand entgegen. »Zunftmäßige Regeln, zunftmäßige Höflichkeit.«

»Was?«, fragte ich verdattert, während ich ihm schlapp die Hand drückte.

»Sie halten sich an die Spielregeln unter uns Literaten. Englischen Literaten. Ich weiß also, dass ich Sie um diesen bestimmten Gefallen bitten kann.«

Ich war sprachlos. Maltravers beugte sich über den Tisch und kam ganz dicht an mich heran. Ich sah, dass er eine nach außen gewölbte, fleischige Oberlippe hatte, unter der sich ein Überbiss verbarg. Der kleine Kinnbart war also der Versuch, in seinem Gesicht ein haariges Gegengewicht herzustellen, um sein fliehendes Kinn zu kaschieren.

»Die Sache ist nämlich die, Hill«, sagte er mit vertraulich gesenkter Stimme, »ich bin nicht hier. Sie haben mich nie gesehen. Wir haben kein Wort miteinander gewechselt. Ich bin, sozusagen, unsichtbar.«

Der Einsatz von Ochsen zur Arbeit auf den Feldern und Farmen ist in der Dordogne bis heute üblich, und den tagträumenden Autofahrer erwartet so mancher Schreck, wenn er um eine Ecke biegt und unvermittelt auf einen Ochsenkarren stößt, mitten auf der Straße, der sich anscheinend nicht von der Stelle rührt. Ein Ochsenkarren bewegt sich langsamer vorwärts als ein menschlicher Fußgänger, zum Pflügen aber taugt ein kräftiges Ochsengespann ebenso gut wie zwei Ackergäule.

»*Rechteck* ist ein Verbrauch von Geist bei schändlicher Verschwendung nutzlos investierter Lesezeit. Mr Hills forcierter Symbolismus, seine banale Tiefsinnigkeit sind auf eine Weise ermüdend, die wahrhaft beispiellos … Erkennbare Bemühungen um eine philosophische Dimension europäischen Zuschnitts fallen so plump aus, dass es diesen Leser mehr als einmal zu unbändigem Gelächter gereizt hat …« Raleigh Maltravers' ausführlicher, auf zwei

Seiten ausgewalzter Verriss meines Romans in *Illuminations* ging mir ungebeten durch den Kopf, fast wie diktiert, während ich schlaflos in der warmen Kuhle meines Betts lag. Wie konnte es sein, dass ich mir das alles Wort für Wort gemerkt hatte? Im ersten Licht des Tages, das zitronengelb durch die dünnen und obendrein zu schmalen Vorhänge an meinem Fenster drang, lauschte ich den Tauben draußen auf dem Dach und spürte, wie mich eine Empfindung durchströmte, die ich in dieser reinen, elementaren Form seit meiner Kindheit nicht mehr erlebt hatte. Es war Hass. Blanker, lodernder Hass. Ich hasste Raleigh Maltravers, und ich wollte ihn umbringen, schön langsam und qualvoll.

Ich schlug die Bettdecke zurück, stand auf und kippte Wasser in die Waschschüssel, um mir damit das Gesicht abzukühlen. Beruhige dich, Yves, ermahnte ich mich, hab ein wenig Geduld, es wird alles ans Licht kommen. Maltravers ist offenbar dringend auf deine Komplizenschaft angewiesen, deine absolute Verschwiegenheit – er muss sehr in der Klemme stecken, wenn er sich dazu überwindet, jemanden um einen Gefallen zu bitten, dessen Buch er erst kürzlich derart verrissen hat. Was könnte der Grund sein?

Ich saß den Tag über mit meinen Reiseführern im Café Riche, um meine frei erfundene Reise durchs Tal der Dordogne zu Papier zu bringen. Am Nachmittag hatte ich meinen Artikel für *The English Motorist* fertiggestellt und kehrte ins Hotel zurück, um mich ein paar Stündchen hinzulegen. Danach badete ich, so gut es eben ging, zog ein frisches Hemd an und begab mich über den Platz zum Café Couderc, um zu Abend zu essen. Benoît war an seinem Stand wieder damit beschäftigt, Austern zu öffnen, fast keuchend vor Hast, geradezu panisch.

»Der Engländer«, er deutete vor sich auf die frische Platte mit Eis. »Jetzt sind es gleich sechsunddreißig. In zehn Minuten.«

Maltravers verlangte es also nach Austern, er gierte förmlich danach, noch viel schlimmer als ich. Er saß sehr aufrecht an einem Tisch unter der großen Uhr und wartete auf sein nächstes Dutzend. Aber er war nicht allein, eine Frau saß bei ihm am Tisch, mit dem Rücken zu mir. Ich nahm auf der anderen Seite des großen Raums Platz, halb verdeckt hinter einer Säule. Als Benoît Maltravers seine dritte Portion brachte, sah ich, wie sich die Frau kurz entschuldigte, aufstand und zu den *toilettes* ging. Sie war groß, um die dreißig, würde ich sagen, mit fein geschnittenen, klaren Gesichtszügen und dickem dunkelblondem Haar, das ein wenig in Unordnung war. Ich fühlte mich auf der Stelle stark zu ihr hingezogen, und das hatte nichts mit Maltravers zu tun. Ich beobachtete, wie er seine Austern verzehrte. Jeder hat dabei seine eigenen

Vorlieben, und Maltravers vertilgte seine Austern am liebsten direkt aus der Schale. Er löste zunächst das Fleisch, beträufelte es großzügig mit Schalotten in Rotweinessig und schlürfte die Auster dann am Stück herunter, und beim Schlucken vollführte er eine kleine, ruckende Kinnbewegung, bei der sich sein kleiner Spitzbart ein wenig hob. Die Art, wie sich seine große Oberlippe um die Muschelschale mit der Auster zu stülpen schien, hatte etwas Unangenehmes und erinnerte an einen Karpfen, ein Neunauge. Es war erstaunlich zu sehen, wie rasend schnell er die Austern herunterschlang, wie ein Flüchtling geradezu, der die Sorge hat, man könnte ihm sein Essen wegnehmen; nach nicht mal einer Minute hatte er das Dutzend komplett verputzt.

Die Frau kehrte zurück, und es entspann sich ein Gespräch, bei dem sich beide vertraulich über den Tisch neigten. Wie ein Liebespaar ... Natürlich. Nun war alles klar, meine vagen Vermutungen bestätigten sich, und ich hätte um ein Haar laut aufgelacht. Maltravers hatte mir das Instrument meiner Rache förmlich auf dem Silbertablett präsentiert. »Danke, o mächtiger Zeus«, murmelte ich vor mich hin, während ich im Kopf schon den kurzen, tödlichen Brief entwarf: »Liebe Mrs Maltravers, Ihr Gatte war letzte Woche in Ste-Radegonde, einem Städtchen in der Dordogne, in Begleitung einer jungen Frau. Mit ergebensten Grüßen, ein

Freund.« Es gab eine Mrs Maltravers, so viel wusste ich, und dazu vermutlich auch eine recht ansehnliche Schar kleiner Maltravers-Sprösslinge. Eine wohlige Wärme durchströmte mich, eine große innere Ruhe, während ich zu den beiden hinübersah. Maltravers bestellte eine weitere Portion Austern. Achtundvierzig – natürlich, die legendäre aphrodisische Wirkung, die man diesen Muscheln zuschrieb. Was genau sah diese sehr – um nicht zu sagen, äußerst – attraktive Frau in dem leicht abstoßenden, echsenhaften Maltravers? Mit welchem Recht durfte dieser Mensch sie zur Geliebten haben? … Doch gemach, ich war dabei, sein Leben zu ruinieren. Sollte er die letzten paar Tage seiner Affäre ruhig auskosten. Dann aber nahm eine andere Idee in meinem Kopf Gestalt an, weitaus subtiler und zufriedenstellender als ein schlichter anonymer Brief. Mein Auftragstext war geschrieben, mein Honorar bereits telegraphisch unterwegs, warum nicht noch in Ste-Radegonde bleiben und einen wohlverdienten Urlaub genießen, während ich mit Maltravers meine Scherze trieb und mir darüber Gedanken machte, wie sich diese unselige Begegnung zu einem raffiniert ausgeklügelten Abschluss bringen ließ?

Im Tal der Dordogne kann es auch im Sommer zu plötzlichen heftigen Unwettern kommen, die

vom Atlantik aus landeinwärts getrieben werden:
Dann prasselt der Regen nur so vom Himmel,
aber wir wissen, dass es nur ein Wolkenbruch ist,
der bald vorüber sein wird, ebenso wie das düs-
tere Zwielicht, das sich kurzzeitig herabgesenkt
hat. Und siehe da, der Regen hat schon wieder
aufgehört, die nassen Hecken dampfen im hellen
Sonnenschein, und wir können unsere Fahrt un-
besorgt fortsetzen.

Die restliche Mahlzeit über war ich damit beschäftigt, mein Vorhaben in allen Einzelheiten auszuar-
beiten, und ich entschied, vierundzwanzig Stunden
zu warten, ehe ich es in die Tat umsetzte. Maltravers
und seine Gefährtin stiegen am folgenden Morgen
in einen großen Citroën und fuhren davon. Ich
unternahm einen Spaziergang am Ufer der Dordogne, die ruhig unter der schmucken alten Brücke
hindurchströmte, welche Ste-Radegonde mit dem
Nordufer verbindet. Mittags suchte ich das Couderc auf und verwickelte Benoît in einen Plausch
über Austern und die ausgezeichnete Qualität der
Muscheln, die aus dem *bassin* bei Arcachon stammten. Um Monsieur Maltravers' außerordentlichem
Appetit Rechnung zu tragen, sagte Benoît, habe er
dem Patron Bescheid gegeben, dass er mehr Austern ordern solle als sonst. Ehe ich ging, klaubte ich
unauffällig ein großes Exemplar von dem Haufen

Austern, die vor Benoît zum Öffnen bereitlagen, und wickelte sie in mein Schnupftuch, ehe ich sie in der Jackentasche verschwinden ließ.

Oben in meinem dürftigen Zimmer mühte ich mich mit meinem Taschenmesser an der Auster ab, um sie zu öffnen. Es war gar nicht so einfach – nachdem ich die Messerspitze in das Gelenk gezwängt hatte, musste ich die Klinge länger hin und her drehen, wobei ich mir die Finger übel an der rauen Muschelschale aufschürfte, ehe das Biest endlich nachgab und ich die beiden Hälften aufklappen konnte. Blutstropfen quollen aus zweien meiner Knöchel, und ich beobachtete, wie ein rubinroter Tropfen an meinem Finger hinabbrann und auf dem zinnfarbenen Fleisch der Auster landete. Kurz tat sich nichts, dann löste sich der unheilvoll glitzernde Blutfleck in der salzigen Muschelflüssigkeit auf. Ich legte die halb geschlossene Auster aufs Fensterbrett, deckte sie mit einer Schiebermütze ab und verließ dann das Hotel, um einen langen Spaziergang zu unternehmen.

Ich saß bereits an meinem Tisch hinter der Säule und hatte meine Mahlzeit schon beendet, als Maltravers und seine Freundin, zurück von ihrem Ausflug, ins Restaurant kamen. Maltravers war ungewöhnlich aufgekratzt, so schien mir. Er rief nach Champagner in einem Eiskübel, und selbstverständlich bestellte er bei Benoît auch wieder ein

Dutzend Austern. Nachdem das erste Dutzend in der gewohnten Rekordzeit verputzt war, wurde Champagner ausgeschenkt, und ich meinte zu sehen, wie die Liebenden unter dem Tisch, verborgen vom Tischtuch, verstohlen Händchen hielten.

Ich zahlte und ging vor die Tür, wo Benoît, wieder ein wenig gehetzt, alle Hände voll damit zu tun hatte, das nächste Dutzend Austern für Monsieur Maltravers zu öffnen. Die geöffneten Austern legte er ordentlich im Kreis auf die Platte voll Eis, wie die Stundenstriche auf einer Uhr in Meeresfrüchteoptik. Ich ließ beiläufig die Bemerkung fallen, dass der Patron anscheinend etwas von ihm wolle, und nachdem er ins Lokal gehastet war, tauschte ich die Auster in Höhe von drei Uhr auf der Platte gegen meine aus, die den ganzen Tag auf der Fensterbank in der Sonne geschmort hatte. Nach einem Blick auf die Platte träufelte ich noch etwas Eiswasser auf meine Auster – nun sah sie wieder so prall und schimmernd aus wie ihre Artgenossen. Danach bummelte ich über den Platz zum Café Riche hinüber, wo ich mir einen Calvados bestellte und eine beruhigende Zigarre schmauchte.

Der Autofahrer setzt seine Reise fort, an Bergerac vorbei, und der Fluss verbreitert sich nach und nach, während er gemächlich seinem Zielpunkt entgegenströmt. Hier befinden wir uns am un-

teren Flussabschnitt, fruchtbar und üppig, mit sorgsam kultivierten Weinbergen, die sich steil zu beiden Seiten des Ufers erheben. Delacroix fasste seine Empfindungen beim Anblick des Dordogne-Tals in folgende Worte: »Wie soll ich meine Freude an dieser Landschaft zutreffend beschreiben? In ihr sind all die Gefühle vereint, die wir im Herzen und in der Vorstellungskraft als wohltuend und lieblich empfinden.«

Wie alle anderen im Hotel wurde ich gegen zwei Uhr früh vom lärmenden Gebimmel des Krankenwagens aus dem Schlaf gerissen. Ich schlief fast umgehend wieder ein.

Als ich um die Mittagszeit über den Platz ging, um auf der Terrasse des Café Riche meinen gewohnten Pernod vor dem Essen zu trinken, entdeckte ich Maltravers' Freundin, die allein an einem Ecktischchen saß, mit dem Rücken zum Fenster, die Augen hinter einer Sonnenbrille verborgen.

Ich stellte mich ihr vor. »Gestatten, Yves Hill. Ich bin ein Freund von Raleigh.«

Wir schüttelten uns die Hand. »Parker Fitzgerald«, sagte sie, mit leichtem, unverkennbar amerikanischem Akzent. Sie lud mich ein, an ihrem Tisch Platz zu nehmen.

Armer Raleigh: In seinem Zustand lüsterner Vorfreude hatte er sich selbst übertroffen – fünf

Dutzend Fines de claire, gefolgt von Entenbrust, Käse und Tarte Tatin. In der Nacht dann heftige Bauchschmerzen und wiederholtes Erbrechen. Parker (das war tatsächlich ihr Vorname) hörte, wie er im Nebenzimmer verzweifelt mit der Faust gegen die Wand hämmerte. Der Concierge wurde aus dem Bett geholt, ein Arzt angerufen, ein Krankenwagen bestellt. Raleigh lag in Brive im Krankenhaus, mit ausgepumptem Magen. Nach einem vollen Zwanzig-Liter-Einlauf erhielt er über einen Tropf eine Infusion mit Kochsalzlösung und musste voraussichtlich noch mindestens drei Tage das Bett hüten.

Ich verzog mitfühlend das Gesicht und schnalzte bedauernd mit der Zunge, während Parker sehr anschaulich die verschiedenen Diagnosen und Prognosen wiedergab, die sie im Krankenhaus von den Ärzten gehört hatte. Während ich dabei verstohlen ihre feinen Gesichtszüge im Auge behielt, überlegte ich, ob eine Affäre mit einer schönen Frau denkbar war, die genauso hieß wie der Füller, den ich tagtäglich zum Schreiben benutzte. Am Ende gelangte ich zu dem Schluss, dass nichts dagegensprach. Wir verabredeten uns für später zum Abendessen im Couderc, nachdem sie von ihrem Besuch beim armen Raleigh im Krankenhaus in Brive wieder zurück wäre. Bestellen Sie ihm bitte beste Grüße, sagte ich.

Austern, aber das bedarf kaum der Erwähnung, aßen wir an jenem Abend nicht. Wir unterhielten uns über Bücher, Theaterstücke, Filme, Städte, die wir beide kannten. Sie war eine junge Witwe, intelligent und kultiviert (Raleigh war mit ihrem verstorbenen Mann bekannt gewesen, einem Komponisten), die gerade dabei war, ihren Platz in der Welt neu zu entdecken. Aus Ehrgefühl – vielleicht auch, wer weiß, zunftmäßiger Regeln oder zunftmäßiger Höflichkeit halber – empfand ich es als meine Pflicht, sie über Mrs Raleigh Maltravers und die Maltravers-Brut in Kenntnis zu setzen, und sie reagierte bewundernswert beherrscht, verbarg ihren Schock hinter einer Maske kühler Indifferenz, obwohl mir nicht entging, wie ihr ein einsames Tränchen aus dem Auge quoll. Nach dem Essen spazierten wir hinunter zum *quai* bei der alten Brücke, wo wir unter den Ulmen standen und auf den ölig-schwarzen, träge dahinströmenden Fluss hinausblickten, auf dem die Lichter der Stadt hinter uns schimmerten. Ich wusste, dass ich sie hätte küssen können, wenn ich gewollt hätte, und dass sie es vermutlich hätte geschehen lassen, aber ich beschloss, mich bis zum nächsten Tag zu gedulden (wir hatten beim Essen den Plan geschmiedet, zusammen nach Périgueux zu fahren – weil es doch eine Schande wäre, den Mietwagen nicht zu nutzen). Während wir dort am Flussufer standen, beschwor ich insgeheim das Bild eines bleichen und ausgelaugten Raleigh Maltravers vor mir herauf, der leise stöhnend im Krankenhausbett in Brive lag, während sein Körper sich abmühte, die noch in ihm verbliebenen Giftstoffe zu bekämpfen oder auszuscheiden. War es meine in der Sonne erhitzte Auster, die Raleigh den Rest gegeben hatte? Oder doch jener bittere Tropfen meines gedemütigten Blutes? Wie auch immer: Vielleicht würde er künftig so vorsichtig sein, seine Austern vor dem Schlucken zu kauen – falls er sich je wieder an diese Meeresfrüchte heranwagte –, denn nur so ließ sich feststellen, ob eine Auster möglicherweise verdorben war. Parker und ich bummelten gemächlich zum Hôtel de la Gare zurück. In der Eingangshalle gab ich ihr einen Kuss auf die Hand und federte dann, übermütig wie ein Schuljunge, zwei Stufen auf einmal nehmend die Treppe zu meinem Dachzimmer hinauf.

T. C. Boyle

Auf dem Dach der Welt

Die Leute fragten sie immer, was es für ein Gefühl sei. Sie sah ihnen von ihrem Turm aus zu, wenn sie mit ihren Baseballmützen und kleinen Rucksäcken, in Shorts und Wanderstiefeln oder Turnschuhen den Pfad entlangkamen. Die tapferen unter ihnen erkletterten auch noch die einhundertfünfzig Holzstufen, die man in den Berg gebohrt hatte, um sich dann gegen das hohe Geländer vor dem kleinen Wachturm mit den Glaswänden zu lehnen, den sie sieben Monate im Jahr ihr Zuhause nannte. Schwitzend, Feldflasche oder Wassersack an den Lippen, in der dünnen Luft nach Atem ringend, fragten sie dann, was es für ein Gefühl sei. »Wunderschön«, sagte sie immer. »Friedlich.«

Aber das drückte es nicht annähernd aus. Es war ein unbeschwertes Schweben, als triebe man mit den Wolken dahin, geborgen in der Handfläche Gottes. In zweitausendsiebenhundertfünfzig Metern Höhe konnte sie im fernen Dunst den Rand der Welt sehen, sie sah den Mount Whitney, der sich aus dem Kräuselmeer der Sierra erhob, und sie sah Sterne, die noch nicht einmal entdeckt worden waren. Morgens war sie die Erste, für die die Sonne über den Hügeln im Osten aufging, und am Abend, wenn es unter ihr schon dunkel war, die drängenden Finger der Nacht längst alle Täler und Höhenzüge erfasst hatten, sah sie sie als Letzte. Da war der Wind in den Bäumen, das Raunen von unendlich vielen Nadeln an den zahllosen rauschenden Ästen von den Kiefern, Sequoias und Zedern, die sich unter ihr ausbreiteten wie ein Teppich. Da war der Tagesanbruch. Die Stille um drei Uhr früh. Sie konnte es nicht erklären. Sie saß auf dem Dach der Welt.

Wird es Ihnen nicht einsam da oben?, fragten die Leute. Kriegen Sie nicht einen kleinen Koller, so ganz allein?

Was sollte sie da sagen? Ja, natürlich war es einsam, aber das machte ihr nichts. Im Sommer hatte sie Todd bei sich, jede zweite Woche, und dann stellte sich die Frage sowieso nicht. Aber im September fuhr er zurück in die Stadt, zu seinem Vater, in die Schule, und die Welt drehte sich wieder etwas langsamer um ihre müde alte Achse. Um die Zeit blieben auch die Wanderer aus. Im Hochsommer, an den Wochenenden, kamen manchmal an einem einzigen Tag dreißig oder vierzig, aber jetzt, mit Einbruch des Herbstes, ließen sie sie in Ruhe –

manchmal vergingen Tage, ohne dass sie eine Menschenseele sah.

Aber darum ging es ja eben, nicht wahr?

Sie machte sich gerade Frühstück – ein richtiges zur Abwechslung, Eier und Speck aus dem Propankühlschrank, frischen Filterkaffee und Toast –, als sie ihn sah: Auf einer der Serpentinen tief unter ihr mühte er sich bergan. Sofort wurde sie ärgerlich. Es war noch nicht einmal sieben, und das Schild am Beginn des Pfades stellte sehr deutlich fest, dass Besucher willkommen waren, aber *nur* zwischen zehn und siebzehn Uhr. Was war los mit diesem Kerl – glaubte er, für ihn gäbe es eine Ausnahme, oder was? Dann beruhigte sie sich: Vielleicht hatte er ein anderes Ziel. Die Jagdzeit war eröffnet – schon die ganze Woche über hörte sie das ferne, gedämpfte Knallen von Schüssen –, und vielleicht war er nur ein Jäger auf der Spur eines Hirschen.

Schön wär's. Als sie beim Wenden ihres Spiegeleis wieder aufblickte, die glatte Granitfläche und die steile, gewundene Holzstiege hinabstarrte, die sich an den Fels schmiegte, sah sie, dass er direkt auf ihren Turm zusteuerte. Verdammt, dachte sie, gerade als der Kessel zu pfeifen begann. Der Magen zog sich ihr zusammen. Das Frühstück war im Eimer. Jetzt würde ihr irgendein Fremder beim Essen über die Schulter glotzen und die üblichen banalen Bemerkungen machen. Die benahmen sich, als wären sie in Disneyland, dabei war es ihr Zuhause, sie wohnte hier. Wie es ihnen wohl gefallen würde, wenn sie morgens um sieben bei ihnen an der Tür klingelte?

Sie setzte sich zum Essen, mit dem Rücken zur Glastür, und hoffte, er würde weggehen, über den Grat in den Abgrund rutschen und verschwinden, sich in Rauch auflösen, als sie seine Schritte auf dem bebenden Laufsteg spürte, der rund um den Turm verlief. Immer noch drehte sie sich nicht um, sah nicht auf. Beim Essen las sie – im Lauf einer Saison schmökerte sie ganze Waggonladungen von Büchern durch –, ohne den Blick von der Seite zu heben. Sollte er doch vom Laufsteg aus hereinglotzen, durch das Fernrohr ins Tal schauen und dann wieder die Stufen hinunterpoltern, ihr war das egal. Sie war keine Fremdenführerin. Ihr Job war es, nach Rauch Ausschau zu halten, vierundzwanzig Stunden am Tag, und zu den Wanderern, die sich schwitzend und keuchend den langen Weg zu ihr heraufplagten, um sie für kurze Zeit auf dem Dach der Welt zu besuchen, freundlich zu sein – falls sie dazu in der Laune war und die Zeit hatte. Nirgendwo stand geschrieben, dass sie sie in die Hütte lassen, ihnen das Funkgerät oder die kartografische Ausrüstung erklären und den Standardvortrag darüber halten musste, wie alles funktionierte. Schon gar nicht um sieben Uhr morgens. Zum Teufel mit ihm, dachte sie, während sie das Spiegelei verschlang und versuchte, sich auf ihr Buch zu konzentrieren.

Dummerweise war sie aber darauf trainiert, etwa alle dreißig Sekunden von allem, was sie gerade tat, aufzublicken und den Horizont abzusuchen, das war ihr zum Reflex geworden. Also blickte sie auf, und da war er. Sie erschrak. Er war rundherum gegangen und stand jetzt direkt vor ihr, grinste und hielt etwas in der Hand hoch. Blumen, Wildblumen, das registrierte sie, dann aber sah sie in sein Gesicht und spürte, wie etwas in ihr zusammensank: Sie kannte ihn. Er war schon einmal dagewesen.

»Lainie«, sagte er, klopfte ans Glas und wedelte mit den Blumen, »ich hab Ihnen was mitgebracht.«

Ihr Name. Er kannte ihren Namen.

Sie versuchte ein Lächeln, und ihre Miene gefror um es herum. Das Taschenbuch auf dem Tisch vor ihr stieß den Salzstreuer um und klappte mit einem leisen, wie gehauchten Seufzer von selbst zu. Sollte sie sich bedanken? Sollte sie aufstehen und den Riegel vorlegen? Sollte sie einen Notruf über Funk aussenden und sich das Küchenmesser schnappen?

»Entschuldigen Sie, dass ich beim Frühstück störe – ich wusste nicht, wie zeitig es noch ist«, sagte er, und dabei geschah etwas mit seinem Grinsen, obwohl seine Augen – ein hartes, metallisches

Blau – die ihren wie mit Zangen festhielten. Er hob die Stimme, um das Glas zu durchdringen. »Ich campe unten am Long Meadow Creek, und als ich heute früh über den Pfad gekommen bin, dachte ich mir, Sie sind vielleicht einsam, und da wollte ich Sie überraschen« – er zögerte –, »ich meine, mit einem Blumenstrauß.«

Sie war jetzt am ganzen Körper angespannt. Spinner hatte sie schon öfter oben gehabt – das war Berufsrisiko –, aber an diesem war etwas höchst Beunruhigendes; an diesen erinnerte sie sich. »Es ist zu früh«, sagte sie schließlich und half mit Zeichensprache nach, als wäre die Scheibe nicht schalldurchlässig, dann stand sie auf von dem halbgegessenen Ei und dem Speck, den sie nicht angerührt hatte, und ging zielstrebig zum Funkgerät. Es befand sich direkt unter dem Fenster, vor dem der Mann stand, und als sie das Mikro nahm und den Sprechkopf drückte, war sie einen halben Meter entfernt von ihm, getrennt durch nichts als die dünne Glasscheibe.

»Needles Lookout«, sagte sie, »hier Elaine. Zack, bist du da? Kommen.«

Zacharys Stimme meldete sich sofort. Er studierte Forstwirtschaft und löste sie zwei Tage pro Woche ab, wenn sie sich aufmachte, den Berg hinabzusteigen, um einen Tag mit ihrem Sohn zu verbringen, ein paar Einkäufe zu erledigen und abends mit Cynthia Furman, ihrer besten Freundin und Seelenverwandten, ins Kino oder etwas trinken zu gehen.

»Elaine«, sagte er durch das statische Knistern, »was gibt's? Irgendwas Komisches gesehen da draußen? Kommen.«

Sie zwang sich, aufzusehen und die Augen des Fremden zu prüfen – er grinste immer noch, aber das Grinsen war schlaff und unstet, und es lag keine Freude in der Tiefe dieser harten blauen Augen –, und sie hielt das schwarze Plastikmikrofon einen Moment länger als nötig stumm vor sich, ehe sie antwortete. »Nichts, Zack«, sagte sie. »Wollte mich nur melden.«

Seine Stimme klang blechern. »Okay«, sagte er. »Dann bis später. Ende.«

»Ende«, sagte sie.

Und was nun? Der Kerl trug ein Jagdmesser in einem Futteral am Bein. Er hatte hohle Wangen, als ob er einen Bonbon lutschte, und seine Oberlippe wurde von einem altmodischen, buschigen rötlichen Schnurrbart verborgen. Statt einer Baseballmütze trug er einen breitkrempigen Filzhut. Wyatt Earp, dachte sie, und sie wollte sich gerade vom Fenster abwenden, um ihn ganz einfach zu ignorieren, bis er den Wink endlich verstand, bis er die einhundertfünfzig hölzernen Stufen wieder hinunterstieg und im Wald und aus ihrem Leben verschwand, als er erneut an die Scheibe klopfte und fragte: »Haben Sie was zum Reinstellen für die – für die Blumen, meine ich?«

Sie wollte seine Blumen nicht. Sie wollte ihn nicht auf der Plattform. Sie wollte ihn nicht in ihr vier mal vier Meter großes Allerheiligstes einlassen, wo er ihre Sachen anfassen, herumstöbern, dumme Fragen stellen und belangloses Zeug plaudern konnte. »Hören Sie«, sagte sie schließlich, wobei sie zwar das Glas ansprach, aber an ihm vorbeiblickte, durch ihn hindurch, und die unendliche Ferne absuchte, wie sie es sich angewöhnt hatte, ganz egal, was passierte. »Ich habe hier eine Aufgabe zu erledigen, und zwischen fünf Uhr nachmittags und zehn Uhr morgens darf niemand hier oben auf die Plattform« – jetzt sah sie ihn wieder an und bemerkte, dass sein Lächeln verflogen war –, »und das müssten Sie eigentlich wissen. Es steht klar und deutlich auf dem Schild unten, wo der Pfad anfängt.« Sie sah beiseite; es war vorbei, sie war fertig mit ihm.

Sie wandte sich wieder ihrem Frühstück zu, zwang sich, auf das Buch zu starren, obwohl ihr Herz raste und die Worte keinerlei Bedeutung hatten. Als der Mann zum ersten Mal gekommen war, war Todd dagewesen. Todd war vierzehn, großgewachsen wie sein Vater, blond und schlaksig. Er war ein guter Junge, ihre letzte, allerletzte Hoffnung, und er schien die Zeit zu genießen, die er mit ihr hier oben verbrachte. Es war ein Samstagnachmittag gewesen, und seit dem Morgen waren ständig Besucher dagewesen. Todd saß in der Vorratskammer unten und schmökerte in Comics (in weiser Voraussicht hatte die Forstbehörde diesen zweiten Raum geschaffen, fünfundzwanzig Stufen tiefer, nicht nur für Vorräte, sondern auch zum Ausspannen – es war ein winzig kleiner Raum der Geborgenheit, mit einem einzigen matten Fenster hoch oben, um Licht hereinzulassen, Antithese und Gegenmittel für die nackte gläserne Kiste des Ausgucks weiter oben.) Elaine war auf ihrem Posten gewesen, hatte Suppengemüse kleingeschnitten und dabei den Horizont abgesucht.

Sie hatte ihn zunächst nicht bemerkt – damals waren so viele Besucher gekommen, dass sie nicht so konzentriert war wie in ruhigeren Zeiten. Sie fühlte sich leutselig und unbekümmert, als Gastgeberin einer netten Party. Kurz zuvor war ein Professor heraufgestiegen, ein Ornithologe, und sie hatten sich lange über Steinadler und Rotschwanzbussard unterhalten. Danach kam das Mädchen aus Merced – sie konnte nicht viel älter als siebzehn gewesen sein –, die ihr Baby auf dem Rücken trug, und die beiden dicklichen Mittsechzigerinnen, voller Stolz auf ihren Vier-Kilometer-Aufstieg und leicht benommen von der dünnen Luft und der

Aufregung über die eigene Leistung. Elaine hatte den beiden eine Tasse Tee angeboten und ihnen nicht den Spaß verderben wollen, indem sie etwa darauf hinwies, dass auch der Rückweg vier Kilometer lang war.

Sie hatte seine Schritte auf der Plattform draußen gespürt und sich lächelnd zu ihm umgedreht. Er war groß, mit kräftiger Brust- und Schulterpartie, und tippte sich an den Hut, ehe er den Kopf durch die offene Tür steckte. »Schöne Aussicht hier?«, fragte er.

Etwas in seinem Blick hätte sie warnen müssen, aber sie fühlte sich gesellig und gastfreundlich, und sie spürte auch die Großzügigkeit in seinen Händen und seinem Wesen. »Nichts im Vergleich zu einem Blick auf den Ventura Freeway« erwiderte sie lässig.

Er lachte laut, und dann stand er in der Tür, beide Hände auf dem Türrahmen. »Anscheinend hat das mönchische Leben Ihrem Humor keinen Abbruch getan« – und dann verstummte er, als wäre er zu weit gegangen. »Na ja, ›mönchisch‹ ist ja wohl das falsche Wort – gibt es eine weibliche Version davon?«

Ziemlich frech. Und zum Flirten aufgelegt. Aber sie war ebenfalls in der Stimmung dazu, sie wusste nicht, warum – vielleicht weil Todd bei ihr war, vielleicht war es nur die schiere sprudelnde Lust daran, auf dem Dach der Welt zu leben –, und immerhin ödete er sie nicht nur mit der immer gleichen Leier an, die sie an die hundertmal pro Woche über sich ergehen lassen musste: über das Alleinsein und die schöne Aussicht und Rauch am Horizont. »Kommen Sie rein«, sagte sie. »Ruhen Sie einen Augenblick aus.«

Er setzte sich auf den Bettrand und nahm den Hut ab. Seine Frisur war ein abgewandelter Punkschnitt – steife, unregelmäßige Zacken –, und das überraschte sie: Irgendwie passte sie einfach überhaupt nicht zu dem Cowboyhut. Seine Jeans waren steif und neu, die handgenähten Stiefel sahen aus wie frisch geputzt. Er betrachtete sie – sie trug khakifarbene Shorts und ein T-Shirt, in Erwartung der vielen Leute hatte sie sich am Morgen die Haare gewaschen, und ihre Beine sahen gut aus – das wusste sie –, braungebrannt und wohlgeformt durch den häufigen Auf- und Abstieg während des Sommers. Sie spürte etwas, das sie schon sehr lange nicht mehr gespürt hatte, seit Ewigkeiten nicht, und sie wusste, dass ihre Wangen sich röteten. »Heute haben Sie sicher einen Sack voll Flöhe zu hüten gehabt hier oben, was?«, sagte er, und irgendetwas stimmte nicht an der gezwungenen Lockerheit dieser Wendung, passte nicht zu seinem Akzent, so wie der Haarschnitt nicht zum Hut passte.

»Seit heute früh hab ich sechsundzwanzig gezählt.« Sie schnitt eine Möhre in Würfel und warf sie in die Pfanne zu den Zwiebeln und den Zucchini, die sie zuvor zerkleinert hatte.

Er starrte aus dem Fenster und bearbeitete seine Hutkrempe mit den Fingern. »Hoffentlich verübeln Sie mir nicht, was ich jetzt sage – aber das Beste an der ganzen Aussicht sind Sie. Sie sind hübsch. Wirklich hübsch.«

Das hatte sie schon gehört. Ungefähr tausendmal. Von den Ausflüglern, die den Anstieg zum Ausguck unternahmen, waren circa siebzig Prozent männlich, und wenn sie allein oder mit anderen Männern unterwegs waren, versuchten neunzig Prozent von ihnen, sie auf die eine oder andere Art anzumachen. Sie ärgerte sich darüber, konnte es ihnen aber nicht wirklich verübeln. Wahrscheinlich lag eben etwas Unwiderstehliches in der Kombination: junge Frau mit blondem Haar und schönen Beinen in einem gläsernen Turm mitten im Nirgendwo – und ganz allein. Rapunzel, lass mir dein Haar herunter. Komplimente – oder dumme Sprüche – blockte sie meistens ab, indem sie offiziell wurde und sich auf ihre Autorität als Mitarbeiterin der Forstbehörde, Regierungsangestellte und Chefin, Königin und Despotin von Needles Lookout berief. Diesmal sagte sie gar nichts. Hob nur kurz den Kopf, um den Horizont abzusuchen, ehe sie wieder auf Messer und Hackbrett hinuntersah und Frühlingszwiebeln und Koriander kleinschnitt.

Er beobachtete sie immer noch. Er saß auf ihrem großen Doppelbett, einem der wenigen leiblichen Genüsse, die die Forstbehörde einem hier oben bot. Es hatte natürlich keine Kopfstütze – es war nur eine große, flache, recht harte Matratze, die auf Fensterhöhe mit der gläsernen Wand abschloss, sodass man auch im Bett liegend seine Arbeit tun konnte. Wahrscheinlich war es ursprünglich für Paare gedacht. Als er wieder den Mund aufmachte, wusste sie, was er sagen würde, ehe die Worte heraus waren. »Schönes Bett«, sagte er.

Was hatte sie erwartet? Er war nicht anders als die anderen – warum auch? Urplötzlich fiel er ihr auf die Nerven, und als sie ihm jetzt wieder das Gesicht zuwandte, war ihre Stimme eiskalt. »Haben Sie schon durch das Fernrohr gesehen?«, fragte sie und deutete dabei auf das Bushnell-Teleskop, das am Geländer des Laufstegs montiert war – jenseits des Fensters, vor der Tür.

Er ignorierte die Aufforderung. Er erhob sich. Sechzehn Quadratmeter: für zwei zu wenig. »Ihnen muss es ja schrecklich einsam werden hier«, sagte er, und auch seine Stimme klang jetzt verändert, die gespielte Lockerheit und Jovialität waren verschwunden, »eine hübsche Frau wie Sie. Eine schöne Frau. Ihre Beine sind echt sexy, wissen Sie?«

Sie wurde rot – er konnte es sehen, da war sie sicher –, und das machte sie wütend. Sie wollte ihn gerade hinauswerfen, wollte ihm sagen, er solle ihr Haus verlassen und nicht mehr wiederkommen, verdammt noch mal, als Todd die Stufen heraufpolterte, ganz aufgeregt und gehetzt. »Mom!«, rief er atemlos, und seine Stimme klang schrill und heiser. »Da draußen tropft überall Wasser raus!«

Wasser. Es dauerte eine Weile, bis sie begriff. Wasser war wertvoll hier oben, ja unersetzlich. Einmal im Monat brachten ihr zwei bärtige Männer mit Ärmelaufnähern der Forstbehörde sechs Fünfundsiebzig-Liter-Kanister herauf – so wie früher, auf Mulis. Sie ging mit diesem Wasser so haushälterisch um, als lebten sie mitten im Negev, sparte jeden Tropfen und gestattete sich nur selten den Luxus einer kurzen Haarwäsche mit Spülung, so wie an diesem Morgen. Im nächsten Moment stürzte sie zur Tür hinaus und hastete ihrem Sohn hinterher die Stufen hinab. Unten, vor dem Lagerraum, in dem die Kanister ordentlich aufeinandergestapelt standen, sah sie sofort, dass auf dem Fels eine dünne Wasserschicht glänzte. Sie bückte sich zu dem vordersten Kanister. Aus einem feinen Spannungsriss im milchigweißen Plastik, etwa drei Zentimeter über dem Boden, leckte das Wasser. »Los, Fass mit an, Todd«, sagte sie. »Wir müssen ihn umdrehen, sodass das Loch oben ist.«

Voll wog ein Kanister knapp achtzig Kilo, und dieser war fast voll. Sie legte ihr ganzes Gewicht hinein, alle Kraft ihrer trainierten, muskulösen Beine, schaffte es aber auch mit Todds Hilfe nur, das Ding auf die Seite zu drehen. Sie atmete schwer und schwitzte, hatte sich irgendwo das Bein aufgeschrammt, sodass die Haut über der Kniescheibe von lauter Blutpünktchen gerötet war. In diesem Augenblick wurde ihr bewusst, dass der Fremde direkt hinter ihr stand. Sie blickte zu ihm auf, er wurde von der Weite des Himmels eingerahmt, hatte die Sonne im Gesicht, die großen Hände in die Hüfte gestemmt. »Kann ich Ihnen unter die Arme greifen?«, fragte er.

Im Nachhinein wusste sie nicht, weshalb sie das Angebot ausgeschlagen hatte – vielleicht weil Todd den Mann so ehrfürchtig anglotzte, weil in seinem Tonfall das bekannte So-hübsch-und-ganz-allein-hier-oben-Klischee mitschwang oder weil sie das Bild der hilflosen Frau einfach hasste –, doch ehe sie lange überlegen konnte, erwiderte sie: »Ich brauche Ihre Hilfe nicht; ich schaffe es schon selbst.«

Und dann sanken seine Hände von den Hüften herab, er trat einen Schritt zurück, und auf einmal entschuldigte er sich, wurde sanft und witzig und charmant, und es tue ihm leid, dass er ihr zu nahe getreten sei, und er wolle ja nur helfen, und er wisse sehr wohl, dass sie es auch allein schaffte, andeuten wolle er gar nichts – und ebenso abrupt verstummte er, ließ die Schultern hängen und verschwand ohne ein weiteres Wort die Stufen hinunter.

Lange sah sie ihm nach, wie er auf dem Pfad immer kleiner wurde, erst dann wandte sie sich wieder dem Wasserkanister zu. Bis sie ihn endlich gemeinsam mit Todd ganz umgedreht hatte, war er halb leer.

Tja. Und jetzt war er wieder hier, obwohl er kein Recht dazu hatte, er war ein Eindringling, und er wusste es, er war jetzt ein Irrer, der neue Ebenen des Irreseins definierte. Ein Notruf war in Sekundenschnelle durchgegeben – da würde sie nicht zögern –, und in weniger als fünf Minuten wäre ein Hubschrauber hier, so schnell waren diese Feuerwehrleute, sie hatte sie schon in Aktion erlebt. Fünf Minuten. Sie würde nicht zögern. Sie hielt den Kopf gesenkt. Sie schnitt und kaute jedes Stück Speck mit langsamer Entschlossenheit, und sie las denselben Absatz immer wieder, bis er jeden Sinn verlor. Als sie wieder aufsah, war er weg.

Danach schleppte sich der Tag dahin, als wollte er nie zu Ende gehen. Der Kerl hatte sie keine zehn Minuten lang mit seinem Söldnergrinsen und den lächerlichen Blumen belästigt, aber es war ihm gelungen, ihr die Laune zu ruinieren. Er hatte ihr Gleichgewicht gestört, und sie stellte fest, dass sie weder lesen noch zeichnen, noch an Todds Pullover weiterstricken konnte. Sie ertappte sich dabei, dass sie völlig geistlos irgendeinen Punkt am Horizont fixierte, ihren Verstand treiben ließ. Sie aß zu viel. Das Mittagessen wurde zur Zeremonie, das Abendessen zum Ritual. Besucher kamen keine, obwohl sie sich ausnahmsweise nach ihnen sehnte. Die Abenddämmerung verklang allmählich im Westen, und als die Nacht hereinbrach, gab sie sich gar nicht lange Mühe mit der Propanlampe, sondern setzte sich einfach nur auf die Ecke ihres Betts und ließ sich gefangennehmen von der wirbelnden Weite der Konstellationen und vom Traum der Milchstraße.

Und dann konnte sie nicht einschlafen. Sie musste immer an ihn denken, an den Fremden mit den großen Händen und dem seltsamen Blick, suchte ständig den Laufsteg nach seinem plötzlichen schwarzen Schatten ab. Wenn er um sieben Uhr früh auftauchte, warum dann nicht auch um drei? Was sollte ihn daran hindern? Es war nichts zu hören, gar nichts – der Wind hatte sich gelegt, und die Nacht war klar und ohne Mondschein. Zum ersten Mal, seitdem sie hier war, zum ersten Mal in drei langen Sommern fühlte sie sich in ihrem Glashaus nackt und verletzlich, ausgesetzt wie ein Fisch im Aquarium. Die Nacht umfasste sie und hielt sie in ihrem Griff.

Dann dachte sie an Mike und an das Haus, in dem sie gewohnt hatten, als er nach dem Studium als Lehrbeauftragter an einer kleinen öffentlichen Uni in den schönen einsamen Bergen von Oregon anfing. Das Haus war eine dieser A-förmigen Satteldachkonstruktionen gewesen, Wohnraum mit Dachkammer darüber, mitten unter den Bäumen, wie ein Haus im Märchen. Es bestand nur aus Fenstern, und aus jedem sah man auf Bäume hinaus, die fast ins Haus wuchsen. Der Vorbesitzer, ein alter Witwer mit wässrigen Augen und gelblichen Haaren in den Ohren, hatte auf Jalousien oder Vorhänge völlig verzichtet, was Mike gar nicht gefiel – er lag ihr dauernd in den Ohren, sie solle die Fenster abmessen und dann Jalousien oder Vorhangstoff bestellen. Sie hatte aufbegehrt: die Offenheit, das Licht, das Gefühl des Verbundenseins und des Dazugehörens machten für sie ja gerade den Reiz des Hauses aus. Sie liebten sich immer nur im Dunkeln – Mike bestand darauf –, als wäre es etwas, dessen man sich schämen musste. Und nach einer Weile war es das auch.

Dann dachte sie an die Zeit davor, an die Zeit vor Todd und dem Studium, als Mike neben ihr im Aufenthaltsraum des Studentinnenheims saß, auf dem Tisch vor dem Sofa aufgeklappte Lehrbücher, um sie herum die Hitze und das Gemurmel von einem Dutzend anderer Paare, die Münder und

Körper aneinanderrieben. Man traf sich »zum Lernen«. Stundenlang klammerte sie sich an ihn, das Sofa war wie ein schlingerndes Boot in stürmischer See, quälende Lust, unbeholfene Unschuld, ein endloses Vorspiel, das sie feucht werden ließ und erregte, während der Wind hinter den hohen, zugefrorenen Fenstern heulte. Was für Gefühle. Dann, so gegen Viertel vor eins, kam der Hausmeister und machte das Licht ein paarmal aus und an, zum Zeichen, dass jetzt Schluss war, und sie fielen sich ein letztes Mal in die Arme, jeder Schritt bis zum Ausgang war in Hormone getränkt, dann ein verzweifelter Abschied, bis er irgendwann doch ging und sie den Verlust spürte wie eine Soldatenbraut. Bis zum nächsten Abend.

Irgendwann – es war gegen zwei, drei Uhr morgens, der Große Bär stand bereits tief am Horizont, der Orion im Zenit – dachte sie wieder an den Fremden, der ihr das Frühstück verdorben hatte. Hier auf der Ecke des Betts hatte er gesessen, hinter dem Fenster hatte er mit seinem jämmerlichen Blumenstrauß gewedelt und den Himmel verfinstert. Als sie an ihn dachte, genau in diesem Moment, hörte sie draußen ein leises dumpfes Geräusch auf der Stiege, ein sachtes Rascheln, eine Bewegung, und sie konnte weder atmen noch sich rühren. Die Sekunden pochten in ihrem Schädel, und das Rascheln – es hatte geklungen wie das

Fegen eines Besens – war vorbei: irgendein nächtliches Tier, eine Ratte, das flüchtige Streifen eines Eulenflügels. Sie dachte an diese Hände, die Augen, die kantigen Schultern, und sie fühlte, wie sie in die Nacht hineingezogen wurde, erleichtert und dann sogar dankbar.

Sie erwachte sehr spät, als die schrägen Sonnenstrahlen ihre Lippen berührten und ihr in die Augen schienen. Zachary brachte über Funk die Neuigkeit, dass Oakland sich den Titel im Baseball geholt hatte und dass ein Hurrikan die Ostküste heimsuchte. »Du klingst ja entsetzlich«, sagte er. »Ich hab dich doch nicht etwa aufgeweckt?«

»Hab gestern nicht einschlafen können.«

»Wieder Sterne geguckt?«

Sie versuchte für ihn zu lachen. »Stimmt«, sagte sie. Einen Augenblick herrschte Schweigen. »Meine Güte, du hast mich gerade erst abgelöst. Ich habe noch vier Tage vor mir, bevor ich wieder runterkomme.«

»Werd bloß nicht mystisch. Und lass mir diesmal genug Müsli da, ja? Falls es dir ausgeht, sag rechtzeitig Bescheid. Wir reden hier über mein Frühstück. Und mein Mittagessen. Und manchmal, wenn ich keine Lust zum Kochen hab –«

Sie unterbrach ihn: »– dein Abendessen, ich weiß. Ich werd darauf achten.« Sie gähnte. »Also, bis später.«

»Okay. Ende.«

»Ende.«

Als sie den Kessel auf den Kocher stellte, zischte das Gas noch, aber als sie sich umdrehte, um die Butter aus dem Kühlschrank zu holen, erlosch die Flamme. Sie versuchte es mit einem zweiten Streichholz, aber es kam nichts. Das hieß, dass sie den zweiten Propantank anschließen musste: kein Problem, nur lästig. Die Tanks, die einmal im Jahr mit dem Hubschrauber gebracht wurden, befanden sich am Fuß der Stiege, einhundertfünfzig Stufen unter ihr. Es gab dort einen flachen Platz, in der Nische, die auf einer Seite über einer überhängenden, sechs Meter hohen Felswand abgeschirmt war. Auf der anderen Seite war der nächste Vorsprung erst dreihundert Meter weiter unten.

Sie zog sich Shorts an, und weil es trotz der Sonne kalt draußen war – einmal hatte es schon an einem fünften September geschneit, und jetzt war bald Oktober –, holte sie einen extra großen Pullover hervor, der früher Mike gehört hatte. Sie hatte ihn damals in dem Kissenbezug gefunden, der in der Eile des Auszugs ihr Kleiderschrank gewesen war; Mike hatte ihn nie zurückgefordert. Es war windig, und eine scharfe Bö durchfuhr sie, als sie die Tür aufriss und sich an den Abstieg machte. Mächtige flauschige Kumulusballen zogen eilig über den Himmel, schwollen an und wurden schmaler, wechselten ständig die Form, aber sie sah nichts, was dunkel genug – oder groß genug – gewesen wäre, um ein Unwetter anzuzeigen. Trotzdem, man konnte nie wissen. Der Wind kam vom Norden, und im Radio hatten sie angekündigt, dass vom Pazifik her eine Front aufzog – es würde sie nicht überraschen, wenn es über Nacht schneite. Ein ordentlicher Schneefall, und die Brandgefahr wäre für diese Saison vorbei, dann konnte sie nach Hause. Vorzeitig.

Sie dachte darüber nach – an die vier Wände des Zimmers in der kleinen Selbstversorgerpension, das sie in einer öden Straße in einer öden Stadt gemietet hatte, um im Winter nahe bei Todd zu sein –, und sie hoffte, es würde nicht schneien.

Nicht jetzt schon. Noch nicht. In einem trockenen Jahr – und dies war schon ihr drittes – blieb sie manchmal bis Mitte November oben. Sie erreichte den Fuß der Stiege und beugte sich über die Propantanks, zwei riesige Stahlbehälter, die im Grün der Forstbehörde gestrichen waren, und sie fühlte sich deprimiert bei dem Gedanken an diese vier tristen Wände und an die Kälte und den Wetterumschwung, der kommen würde oder auch nicht. Sie hatte eine Gänsehaut auf den Beinen, und ihr Atem hing ringsherum in der Luft. Sie blickte einem Erdhörnchen nach, sah das hellgrau gefleckte Fell des pummligen Wesens, das auf der überhängenden Felswand entlanghuschte, und dann schraubte sie die Kupplung des leeren Tanks ab und drehte den Anschlussstutzen zu dem vollen hinüber.

»Probleme mit dem Gas?«

Die Stimme kam von hinten und etwas über ihr, und sie fuhr zusammen, wie von einem Hornissenstich. Noch bevor sie herumwirbelte, wusste sie, wem die Stimme gehörte.

»He, he, ich wollte Sie nicht erschrecken. Schon gut. Entschuldigung.« Da stand er, der fröhliche Camper, das Messer ans Bein geschnallt, direkt in ihrem Rücken und zwei Stufen über ihr. Diesmal verbargen sich seine Augen hinter einer Sonnenbrille mit Spiegelgläsern. Die Krempe des Stetsonhuts war tief ins Gesicht gezogen, und er trug einen Schafpelzmantel, den flauschigen Kragen hochgestellt.

Sie konnte ihm nicht antworten, geschweige denn ihn anlächeln oder freundlich sein. Er hatte sie außerhalb ihres Allerheiligsten überrascht, draußen im Freien, einhundertfünfzig ermüdende Stufen weit weg vom Funkgerät, dem Küchenmesser, dem harten, flachen Bett mit der Aussicht. Sie duckte sich. Er baute sich über ihr auf, seine Schultern wie aus dem Himmel geschnitzt. Todd war in der Schule. Mike – an Mike wollte sie gar nicht denken. Sie war mutterseelenallein.

Er stand reglos da, in seinem Gesicht bewegte

sich nur der Schnurrbart, der sich jetzt zum Grinsen hob und die Zähne entblößte. »So was kann echt nervig sein«, sagte er, und wieder stahl sich der joviale Ton in seine Stimme, »solche Gastanks, meine ich. Gefährliche Dinger. Ich selber koche elektrisch.«

Sie hatte sich vorsichtig aus der Hocke erhoben, ihre kräftigen Beinmuskeln spannten sich an. Sie hätte es riskiert, die Stiege hinaufzurennen, alle einhundertfünfzig Stufen, hätte ihren Beinen voll vertraut, aber er blockierte die Treppe – fast als wollte er ihr zuvorkommen. Sie hatte noch kein Wort gesagt. Sie wirkte verängstigt, das wusste sie. »Campen Sie immer noch?«, fragte sie, bemühte sich darum, das Gesicht zu entspannen und sein Lächeln zu erwidern, auf dem Banalen und Normalen zu beharren, auf dem bedeutungslosen Geplänkel einer bedeutungslosen Konversation.

Er sah weg von ihr, das Licht blitzte auf den leicht konvexen Gläsern der Sonnenbrille, und er tippte eine der hölzernen Stufen mit seiner silbernen Stiefelspitze an. Dann wandte er sich wieder zu ihr um und nahm die Sonnenbrille ab. »Ja«, sagte er achselzuckend, »schon irgendwie.«

Die Antwort war unerwartet. Schon irgendwie? Was sollte das bedeuten? Er hatte sich nicht bewegt und betrachtete sie mit diesem Blick – sie kannte den Blick, kannte die Pose, kannte den Schnurrbart und den Hut, aber seinen Namen kannte sie nicht. Er kannte ihren, aber sie kannte seinen nicht, nicht mal den Vornamen. »Entschuldigung«, sagte sie, und als sie jetzt zum Schutz vor der Sonne eine Hand an die Augen führte, zitterte sie, »wie war doch gleich Ihr Name? Ich meine, ich kenne Sie, nicht nur von gestern früh, sondern auch von damals, so etwa vor einem Monat, aber ...« Sie verstummte.

Er schien sie nicht gehört zu haben. Der Wind rauschte in den Bäumen. Sie blinzelte tatenlos in die Sonne – sonst konnte sie nichts tun. »Also, campen war ich eigentlich nicht«, sagte er. »Nicht dass ich die Natur nicht liebe – und ich campe schon manchmal, mit Rucksack und so –, aber ich ... ich dachte, das war es, was Sie hören wollten.«

Was sie hören wollte? Wovon redete er? Sie warf rasch einen Blick auf den Ausguck, die Sonne blitzte auf den Fenstern, hinter dem Dach türmten sich Wolken auf, und er wirkte so weit weg wie die Sterne in der Nacht. Wenn sie nur dort oben wäre, könnte sie einen Notruf durchgeben, ganz bestimmt, und innerhalb von fünf Minuten wäre Hilfe da ...

»In Wirklichkeit« – und er sah jetzt beiseite, ließ die Schultern hängen, wie ein geschlagener Hund, so wie damals, als sie seine Hilfe mit dem Wasserkanister abgelehnt hatte –, »in Wirklichkeit hab ich eine Hütte in der Nähe von Cedar Slope. Ich dachte mir nur, na, dass Sie es lieber hätten, wenn ich campen würde.« Er hatte auf seine Stiefelspitzen gestarrt, aber jetzt sah er plötzlich zu ihr auf und grinste so breit, dass seine Backenzahnfüllungen in der Sonne blitzten. »Ich finde, Elaine ist ein schöner Name, hab ich Ihnen das schon gesagt?«

»Danke«, sagte sie, fast wider Willen und ganz leise, so leise, dass sie sich selbst kaum hörte. Er konnte sie hier vergewaltigen, konnte sie umbringen, alles mögliche. Wollte er das? War es das? »Hören Sie«, sagte sie gepresst, obwohl sie sich zur Ruhe zwang, »hören Sie, ich muss zurück an die Arbeit …«

»Ich weiß, ich weiß«, sagte er und hob die massige Hand, »zurück ins Nest, was? Ich weiß, ich geh Ihnen bestimmt mordsmäßig auf die Nerven damit, und sicher bin ich nicht der Erste, der das sagt, aber Sie sehen einfach zu gut aus, als dass Sie hier an die Eichhörnchen und Coyoten verschwendet werden sollten.« Er kam die Stufen herunter, kam auf sie zu, und sie dachte in diesem Augenblick daran, an ihm vorbeizuflitzen, ein wilder Gedanke, instinktiv und verzweifelt, ein Gedanke, der sich wie mit Krallen in ihr Gehirn bohrte und dort gefror, ehe sie sich regen konnte. »Meine Güte«, sagte er, und in seiner rauen Stimme lag unerschütterliche Gewissheit, »wird's Ihnen hier denn nicht einsam?«

Und dann sah sie die Bewegung, ein Stück rechts und weiter unten: zwei rosa Jagdmützen, die den Pfad heraufkamen. Es war vorbei. So einfach. Sie konnte jetzt davongehen, die Stiege hinaufsteigen, sich im Ausguck einschließen. Aber warum raste ihr Herz immer noch, warum hatte sie das Gefühl, als hätte es noch nicht einmal angefangen? »Verdammt«, sagte sie und sah ins Tal hinab, »noch mehr Besucher. Jetzt muss ich aber wirklich zurück.«

Er folgte ihrem Blick und sah ebenfalls zu den Jägern, die abwechselnd verschwanden und wieder zu sehen waren, während sie sich den Weg hinaufarbeiteten. Sie erkannte jetzt ihre Gesichter – zwei ältere Männer, strähniges Haar unter den grellen Mützen. Unbewaffnet. Nur Fotoapparate. Er musterte die beiden einen Moment, dann sah er ihr in die Augen, ganz tief, als hätte er etwas darin verloren. Schließlich zuckte er die Achseln, drehte sich um und ging den Pfad entlang auf die Männer zu.

Sie war in guter Form, in der besten ihres Lebens. Die Stiege hatte sie schon tausendmal, zweitausendmal hinter sich gebracht, aber nie war sie schneller oben gewesen als jetzt. Sie flog die Stufen hinauf wie vom Wind getrieben, dabei hämmerte ihr das Herz in Panik gegen die Rippen, und sie roch das heraufziehende Unwetter, fühlte die Kälte bis ins Mark. Und dann war sie an der Tür, knallte sie hinter sich zu und tastete nach dem Riegel. Dann, erst dann fielen ihr die Blumen auf. Sie standen in der Mitte des Tisches, in einer Kristallglasvase, Lupinen, Kreuzkraut, Vergissmeinnicht.

Über Nacht fiel Schnee, übergroße, monströse, taumelnde Flocken, die an den Fenstern klebten und sie mit Verzweiflung erfüllten. Bei Licht hätte sie sich nur schutzlos und ausgeliefert gefühlt, und deshalb saß sie jetzt schon die zweite Nacht im Dunkeln, mit dem Küchenmesser im Schoß, und horchte auf seine Schritte auf der Stiege, während ringsherum der Himmel barst. Aber er würde nicht kommen, nicht nachts, nicht bei diesem Wetter – sie war kindisch und albern, es gab keinerlei Grund zur Sorge. Außer dem Schnee. Er bedeutete, dass ihre Saison vorbei war. Und wenn ihre Saison vorbei war, musste sie vom Berg hinunter in die wirkliche Welt, in die wirkliche Zeit steigen, zurück zu Smog, Lärm und Wirrwarr.

Sie dachte an die vier Wände, die sie erwarteten, an den jämmerlichen Job – Kellnern, Kassiererin in einem Schnellimbiss oder irgendeine ähnliche langsame Kreuzigung des Geistes –, und sie dachte an Mike, kurz bevor sie ihn verlassen hatte, sah ihn vor sich auf der schwarzen Fensterscheibe, geschlechtslos, bleich, die schmale schmetterlingsförmige Lesebrille ganz vorn auf die Nase geklemmt, auf seine Schreibmaschine einhackend, tipp-tipp, tipp-tipp, verliebt in Dryden, Swift und Pope, verliebt in tote Dichter, verliebt in den Tod selbst. Einen Monat nachdem sie ihn verlassen hatte, war sie auf einer Party einem Mann begegnet, der Mike in allem geähnelt hatte, nur dass dieser in Gliederfüßler verliebt war. Gliederfüßler. Danach hatte sie den Posten im Ausguck angenommen.

Wieder wachte sie spät auf. Als Erstes verspürte sie Erleichterung: Die Sonne schien, und der Schnee – es war nur ein dünner Zuckerguss, nichts Ernstes – begann sich bereits von der nackten Felsenzinne zurückzuziehen. Sie stellte den Kessel auf und ging ans Funkgerät »Zack«, rief sie, »hier Needle Rock. Bist du auf Empfang?«

Er war es, antwortete ihr praktisch auf Knopfdruck. »Auf Empfang. Kommen.«

»Hier oben hat's geschneit – nicht allzuviel, eigentlich ist es nur leicht angezuckert. Jetzt ist der Himmel klar.«

»Damit kommst du etwas spät – diese Information hab ich schon längst von Lewis auf Mule Peak gekriegt. Wieder verschlafen?«

»Ja, scheint so.« Sie beobachtete, wie ferne Wipfel ihre Patina aus Schnee abschüttelten. Ein Bussard segelte vor dem Fenster vorbei. Sie hielt sich das Mikro so dicht vor die Lippen, dass es ein Teil von ihr hätte sein können. »Zack ...« Sie wollte ihm von dem Verrückten erzählen, von dem Mann mit dem Stetson, von seinen Händen, wollte ihn für alle Fälle alarmieren, aber sie zögerte. Ihre Stimme klang dünn und distanziert, verloren im elektronischen Geknister von Zeit und Raum.

»Lainie?«

»Ja. Ja, ich bin noch da.«

»Es kommt noch eine Kaltfront und anschließend ein Unwetter. Könnte einiges an Schnee bringen. Die Brandwachen sind noch nicht abgesagt – Reichert sagt, so bleibt's, bis wir nennenswerte Niederschläge haben. Na, und diesmal könnte es soweit sein. Aber entscheide selber: Willst du lieber runterkommen oder oben abwarten, was passiert?«

Reichert war der Chef, fünfzig, glatzköpfig, weich wie eine Auster. Die Bergregion war wie verdorrt – eine pulvrige Schicht aus abgestorbenem Material lag fünfzehn Zentimeter dick in den Wäldern, und jeder zweite Bach war ausgetrocknet. Die Saison konnte ebenso gut bis November dauern. »Hier oben abwarten«, entschied sie.

»Okay, es liegt bei dir. Lewis bleibt auch auf dem Posten, falls dich das beruhigt. Ich setze mich in Verbindung, wenn wir hier irgendwas Neues erfahren.«

»Gut. Danke.«

»Ende.«

»Ende.«

Am späten Nachmittag ballten sich die Wolken, und der Himmel zog sich wieder über ihr zusammen. Das Thermometer fiel abrupt. Es sah schlecht aus. Für Schneefall war es noch früh, aber in dieser Höhe konnte es immer schneien, egal welcher Monat gerade war. Jährlich gingen siebeneinhalb Meter nieder, aber sie hatte auch schon Schneestürme erlebt, bei denen ein bis anderthalb Meter auf einmal herunterkamen. Um vier sprach sie noch einmal mit Zachary, und er erzählte ihr von den eher miesen Aussichten – die Chancen für weiteren Schneefall standen bei siebzig Prozent, inzwischen bis auf neunhundert Meter hinab. »Ich lass es darauf ankommen«, sagte sie. Schlimmstenfalls hatte sie ein Paar Schneeschuhe im Lagerraum.

Eine Stunde später begann es zu schneien. Sie machte sich gerade das Abendessen – braunen Reis mit Gemüse – und hatte die Flasche Wein geöffnet, die sie mitgenommen hatte, um ihren letzten Tag zu feiern. Die Flocken waren kleine, winzige Kugeln, die zischend herabsausten, und normalerweise verhieß das einen ernsthaften Schneesturm. Die Saison war vorbei. Sie konnte ihren Wein trinken und langsam darangehen, Ofen und Kühlschrank zu putzen und ihre Sachen zu packen. Sie legte ein Holzscheit nach und knöpfte sich die Jacke zu.

Die Flasche war halb leer, und sie wollte sich gerade zum Essen setzen, als sie den Rauch bemerkte. Zuerst dachte sie, es sei ein Schabernack des Windes, der den Rauch ihres eigenen Ofens zurückwehte. Aber nein. Direkt unter dem Ausguck, keine hundertfünfzig Meter weiter unten, etwa da, wo der Pfad anfing, sah sie ein Feuer. Der Wind wehte einen Vorhang aus Schnee vor das Fenster. Es hatte nicht geblitzt – aber trotzdem brannte dort unten Feuer, sie war ganz sicher. Sie stand vom Tisch auf, nahm den Feldstecher vom Haken an der Tür und trat hinaus auf den Laufsteg, um es sich näher anzusehen.

Der Sturm raubte ihr den Atem. Das ganze Universum war bleich geworden, oben weiß und unten weiß: und sie saß hoch oben auf den Wolken, lebte in ihrem durchsichtigen, gespenstischen Inneren. Jetzt roch sie auch den Rauch, den der Wind herantrug. Sie hob den Feldstecher an die Augen, doch der Schnee bildete eine Mauer; sie versuchte es noch einmal, aber diesmal wehte ihr Haar vor die Objektive. Es dauerte eine Weile, aber da, da war es: ein Feuer, das aus dem wirbelnden Strudel des Schnees emporstieg. Ein Lagerfeuer. Oder nein, es war viel größer: umgestürzte Bäume, zu einer Pyramide geschichtet – das war ein Freudenfeuer, absichtlich aufgetürmt, es war ein Zeichen. Wieder nahm ihr der Schnee die Sicht. Ihre Finger waren taub. Als das Feuer erneut scharf ins Bild kam, sah sie eine Bewegung, einen Schatten, der um die Flammen sprang, sie nährte und sich an ihnen labte, und sie hielt den Atem an. Dann sah sie auch die schwarze Spitze des Stetsonhutes, und da begriff sie.

Er campte tatsächlich.

Er campte. Er konnte umkommen da draußen – er war wirklich verrückt –, es konnte ohne weiteres ein Blizzard aufziehen, und dann würde es tagelang schneien. Aber er campte. Und dann wurde ihr klar: Er campte für sie.

Später, als der Ausguck einsam über dem Schneesturm aufragte und die Kohlen im Ofen glühten und die Finsternis sich um sie legte wie eine Decke, schaltete sie das Funkgerät aus und legte das Messer zurück in die Schublade, wo es hingehörte. Dann setzte sie sich im Bett auf, hoch oben über dem Abgrund, und sah seinem Feuer zu, das im kalten Herzen der Nacht brannte. Er würde wiederkommen, das wusste sie jetzt, und sie war bereit für ihn.

Kurt Tucholsky

Rheinsberg

Seinen eigentlichen Anfang nahm das Abenteuer erst, als sie in Löwenberg ausstiegen. Der
D-Zug ruhte lang und dunkel in der Halle unter
dem Holzdach – sie durchschritten einen Tunnel,
oben, in hellem Sonnenlicht, stand die Kleinbahn,
wie aus Holz gefügt, steif und verspielt.

Sie stiegen ein.

»Claire?«

»Wolfgang?«

»Diese Bahn scheint noch lange hier zu stehen …
Machen wir einen kleinen Spaziergang?«

»Setz dich und falte die Hände! Sie geht gleich
ab.«

Der Zug ruckte und ruckelte sich gemächlich
durch Salatgärten, Hofmauern. Der Horizont
flimmerte blendend weiß … War es eine Schönheit, diese Landschaft? – Nein: da standen Baumgruppen, durch nichts ausgezeichnet, das Land
wurde wellig in der Ferne, versteckte ein Wäldchen
und zeigte ein anderes – man freute sich im Grunde,
daß alles da war … Das Maschinchen schnob und

klingelte zornig, durch den staubigen Rauch hindurch klingelte es melodisch, wie eine läutende Kirchturmsglocke bei Sturm.

»Wolf, den Reiseführer!«

Sie hatten ihn im D-Zug liegen lassen – er hatte ihn im D-Zug liegen lassen. Sie hielten, mitten im Walde, auf der Strecke. Die Köpfe heraus; die Beamten waren zurückgelaufen, hatten Schaufeln mitgenommen: die Lokomotive mußte Funken ausgeworfen haben, ein kleiner Brand war entstanden ...

»Ich will mitlöschen.«

Er kugelte den sandigen Abhang herunter; die Reisenden lachten. Oben stand Claire und verdrehte die Augen.

»Du mußt ja ...!«

Er kam zurück, ganz bestaubt, lächelnd, glücklich. Er hatte sich wieder einmal betätigt. Die Beamten kamen, stiegen auf, der Zug ruckte an ...

»Eigentlich ...«

»Na?«

»Ich finde es heiter. Denk mal, mein Papa und mein' Mama sitzen jetzt im Kontor, fahren in der Stadt herum und glauben ihr Töchterchen wohlgeborgen im Schoße der treusorgenden Freundin. Hingegen ...«

»Hingegen ...«

»Na, ja, treusorgen sorgst du ja für mich ...«

Der Jäger von nebenan hatte schon lange in sich hineingelacht. Er saß da, grün, bepackt, schwer und braungebrannt. Man hatte, wenn man ihn sah, die Empfindung von ganz frühen, feuchten Morgen, ein Mann tappt durch den halbdunklen Wald, es riecht kräftig und gut ... Das kleine, runde Loch der Büchse guckte unheilverkündend, schwarz und dunkel in die Luft: kleine Kugeln werden herausfliegen, das Reh, auf das es morgen gerichtet wird, lief vielleicht jetzt gerade mit seinen Gefährten zur Quelle, trank und war zierlich im Walde verschwunden ... Der Jäger stand auf, stopfte sich eine Pfeife und sagte beim Herausgehen: »Schonzeit, junger Mann, Schonzeit« – und trampfte lachend davon.

Das Coupé war erfüllt von ihrem Schreien, das die rumpelnden und klirrenden Geräusche übertönen sollte.

Man verständigte sich nur schwer:

»... Sonne weit über das Land ...«

»... wie? Sonne reit' über das Land? ...«

»... nein ... Sonne weeiit ... Land ... Seh mal: 'ne Akazie! 'ne blühende Akazie, lauter blühende Akazien.«

»Is gar keine, is 'ne Magnolie!«

»Hach! Also wer weiß denn von uns beiden in der Botanik Bescheid? Ich oder ich?«

»'ne Magnolie is es.«

»Meine Liebe, ich müßte bedauern, es mit einem kräftig geführten Schlag gegen Sie nicht bewenden lassen zu können. Alle Wesensmerkmale der Akazie deuten auch bei diesen Bäumen auf eine solche hin.«

»Is aber 'ne Magnolie!«

»Herr Gott, Claire! Siehst du denn nicht diese typisch ovalen Blätter, die weißen, kleinen, traubenförmigen Blütenstiele! – Mädchen!«

»Aber ... Wölfchen ... wo es doch 'ne Magnolie is ...«

Sie erstickte in Küssen.

Dann galt es noch eine Bauersfrau nachzuahmen, die auf der letzten Station hochgeschürzt und breitbeinig stehengeblieben war, um sich vermittels ihres zweiten Unterrocks zu schneuzen. Claire erwies sich hierbei als geschickt und brauchbar.

Endlich kamen sie aber doch an.

Es zeigte sich, daß das Hotel, das sich schon durch einen Anschlag im Zuge als altbekannt und mit einer gepflegten Küche versehen angepriesen hatte, durch einen Wagen, zwei Pferde und einen Bediensteten vertreten war. Dieser Mann mußte die Gepäckstücke holen, die man in Berlin sorgfältig aufgegeben hatte: zwei winzig kleine Köfferchen. Sie wurden verladen; die Reisenden stiegen ein. Sie rutschten auf den schwarzen, hier und da ein wenig aufgeplatzten Wachstuchkissen der Sitze herum; die Fenster klirrten, die beiden machten sich durch weitausladende Handbewegungen verständlich. Der Wagen war leer, die Chaussee staubig und öde. Einige hundert Meter saßen sie manierlich, aber schon an der Ecke, die das Anwesen des Gütlers Johannes Lauterbach und das der Post bilden, lagen sie in lautem Hader, wessen Koffer durch seine Kleinheit am meisten Verdacht erregen werde. Sie nannten diese Reisegegenstände »Segelschweine«, und die Claire rang die Hände, Wolf sei ein Schandfleck. Sie, ihrerseits, wahre das Dekorum. Sie schwatzten fortwährend, die Claire am heftigsten. Ihr Deutsch war ein wenig aus der Art geschlagen. Sie hatte sich da eine Sprache zurechtgemacht, die im Prinzip an das Idiom erinnerte, in dem kleine Kinder ihre ersten lautlichen Verbindungen mit der Außenwelt herzustellen suchen; sie wirbelte die Worte so lange herum, bis sie halb unkenntlich geworden waren, ließ hier ein »T« aus, fügte da ein »S« ein, vertauschte alle Artikel, und man wußte nie, ob es ihr beliebte, sich über die Unzulänglichkeit einer Phrase oder über die andern lustig zu machen. Daß sie Medizinerin war, wie sie zu sein vorgab, war kaum glaubhaft, jedoch mit der Wahrheit übereinstimmend. Sie spielte immer, gab stets irgendeiner lebenden oder erdachten Gestalt für einige Augenblicke Wirklichkeit.

Der Wagen hielt. Während sie ausstiegen:

»Paß auf, Frauchen, wo ist der Koffer mit dem falschen Geld? – Ah da.«

Der Hausknecht ließ den Mund weit offen stehen, sperrte die Augen auf…

Freundlich geleitete sie der alte Wirt in ein Zimmer des ersten Stockwerks. Es war kahl, einfach, blumig tapeziert. Holzbetten standen darin, ein großer Waschtisch, eine Vase mit einem künstlichen Blumenstrauß – an der Wand hingen zwei Pendants: »Eroberung Englands durch die Normannen«, und in gleichartigem Rahmen und symmetrisch aufgehängt »Großpapachens 70. Geburtstag«. Die Tür schloß sich, sie waren allein.

»Claire?«

»Wolfgang?«

»Jetzt weiß ich nicht, sollte ich den Kofferschlüssel zu Hause vergessen haben …«

»My honey-suckle«, und sie drückte ihm einen heftigen Kuß auf den Mund, während ihr Gesicht rachsüchtig und boshaft erglänzte, und stieß ihn von sich:

»Och, der kleine Jungchen muß ja alles vergess' – psch, psch, psch …« Und man wußte nicht, ob diese Töne eine wiegende Mutter nachahmten oder ganz etwas anderes.

»Pack aus, mein Hulle-Pulle« –

Schwer seufzend packten sie aus, räumten ein.

»Ja, ich bin nu so weit. Jetzt frisiere ich mich, un dann gehe ich spaziers. Un du?«

»Das überlasse du nur mir; es wird dir dann seinerzeit das Nötige mitgeteilt werden.«

Der Stil war im großen und ganzen einheitlich verzerrt. Sie sagten sich häufig Dinge, die nicht recht zueinander paßten, nur um diese oder jene Redewendung anbringen zu können, den andern zu irritieren, sein Gleichgewicht zu erschüttern.

Sie gingen herunter …

*

Da war der Marktplatz, der mit alten, sehr niedrigen Bäumen bepflanzt war, schattig und still lag er da. Sie schritten durch ein schmiedeeisernes Tor in den Park. Hier war es ruhig. In dem einfachen weißen Bau des Schlosses klopfte ein Handwerker. Sie gingen durch den Hof wieder in den Park, wieder in die Stille …

Noch brausten und dröhnten in ihnen die Geräusche der großen Stadt, der Straßenbahnen, Gespräche waren noch nicht verhallt, der Lärm der Herfahrt … der Lärm ihres täglichen Lebens, den sie nicht mehr hörten, den die Nerven aber doch zu überwinden hatten, der eine bestimmte Menge Lebensenergie wegnahm, ohne daß man es merkte … Aber hier war es nun still, die Ruhe wirkte lähmend, wie wenn ein regelmäßiges, langgewohntes Geräusch plötzlich abgestellt wird. Lange sprachen sie nicht, ließen sich beruhigen von den schattigen Wegen der stillen Fläche des Sees, den Bäumen ... Wie alle Großstädter bewunderten sie maßlos einen einfachen Strauch, überschätzten seine Schönheit und ohne das Praktische aller sie umgebenden ländlichen Verhältnisse zu ahnen, sahen sie die Dinge vielleicht ebenso einseitig an wie der Bauer – nur von der andern Seite. Nun, hier in Rheinsberg erforderten die Gegenstände nicht allzuviel praktische Kenntnis, man war ja nicht auf einem Gut, das bewirtschaftet werden sollte. – Sie kamen an den Rand eines zweiten Sees, an eine Bank. Stille.

»Wolfgang?«

»Claire?«

»Glaubssu, daß es hier Bärens gibs? Eine alte Tante von mir is beinah mal von einem ...«

»... von einem Bären zerrissen worden?«

»Nein.« Sie war ganz empört. »Habe ich das gesagt? – Ich meine nur ... Aber, du – beschützs mich doch, ja?«

»Ich schwöre dir ...«

»Hm.«

Wieder war es sehr still. Die Claire saß da und sah sehr bestimmt in das schmutzig-grüne Wasser.

»Also paß mal auf. Warum ist hier nicht überall

der zweite Friedrich? So wie er in Sanssouci überall ist. Auf jedem geharkten Weg, an jedem Boskett, hinter jeder Statue? – Hier hat er gelebt. Gut. Wüßtest du es nicht, würdest du es merken?«

»Nein. Vielleicht muß man älter, machtvoller sein, um die Welt sich zu formen nach seinem Ebenbilde ... Wer ist heute so wie der Alte war? – Sehen unsere Wohnungen aus, wie wenn sie nur und ausschließlich dem Besitzer gehören könnten? ... – Ein Specht, siehst du ein Specht!«

»Wölfchen, es ist kein Specht. Es ist eine Schleiereule.«

Er stand auf. Mit Betonung:

»Ich habe ein außerordentlich feines Empfinden dafür, ich vermute, du bist gewillt, dich über mich lustig zu machen. Wird diese Vermutung zur Gewißheit, so schlage ich dich nieder.«

Ihr Gelächter klang weit durch die Fichten.

*

Das Schloß! – Das Schloß mußte besichtigt werden. Man schritt hallend in den Hof und zog an einer Messingstange mit weißem Porzellangriff. Eine kleine Glocke scheppperte. Ein Fenster klappte: »Gleich!« – Eine Tür oberhalb der kleinen Stiege öffnete sich, und es kam nichts, und dann tappte es, und dann schob sich der massige Kastellan in den

Hof. Als er der Herrschaften ansichtig wurde, tat er etwas Überraschendes. Er stellte sich vor. »Mein Name ist Herr Adler. Ich bin hier der Kastellan.« Man dankte geehrt und präsentierte sich als Ehepaar Gambetta aus Lindenau. Historische Erinnerungen schienen den dicken Mann zu bewegen, seine Lippen zuckten, aber er schwieg. Dann:

»Nu kommen Sie man hier hinten rum, – da ist es am nächsten.« – Und schloß eine bohlene Tür auf, die in einen dunklen Steinaufgang hineinführte. Sie kletterten eine steile Treppe mühsam herauf. Oben, in einem ehemaligen Vorzimmer, lagen braune Filzschuhe auf dem Boden, verstreut, in allen Größen für Groß und Klein, zwanzig, dreißig – man mochte an irgendein Märchen denken, vielleicht hatte sie eine Fee hierher verschüttet, oder ein Wunschtopf hatte wieder einmal versagt und war übergelaufen...

Die Claire behauptete: *So* kleine gäbe es gar nicht. –

»Ih«, sagte Herr Adler, »immer da rein; wenn sie auch ein bißchen kippeln, das tut nichts.«

Er aber war nicht genötigt, solche Schuhe anzuziehen, weil er von Natur Filzpantoffeln trug.

Die Zimmer, durch die er sie führte, waren karg und enthaltsam eingerichtet. Steif und ausgerichtet standen Stühle an den Wänden aufgebaut. Es fehlte jene leise Unregelmäßigkeit, die einen Raum erst wohnlich erscheinen läßt, hier stand alles in rechtem Winkel zueinander … Herr Adler erklärte:

»… und düs hier sei das sogenannte Prinzenzimmer, und in diesem Korbe habe das Windspiel geschlafen. Das Windspiel – man wisse doch hoffentlich …«

»Zu denken, Claire, daß auch durch deine Räume einst Liebende der Führer mit beredtem Munde leitet.«

»Gott sei Dank! Konnt er ja! Bei uns war es pikfein.«

Und dann sagte Herr Adler, dies seien chinesische Vasen, und dieselben hätte der junge Graf Schleuben von seiner Asienreise mitgebracht.

Aber hier – man trat in ein anderes höheres Zimmer – hier sei der Gemäldesaal. Die Bilder habe der berühmte Kunstmaler Pesne gemalen, und die Bilder seien so vorzüglich gemalen, daß sie den geehrten Besucher überall hin mit den Augen folgten. Man solle nur einmal die Probe machen! Herr Adler gab diese Fakten stückweis, wie ein Geheimnis, preis. Es war, als wundere er sich immer, daß seine Worte auf die Besucher keine größere Wirkung machten. – Herrgott, die Claire! – Sie begann den Kastellan zu fragen. Wolfgang wollte sie hindern, aber es war schon zu spät. –

»Sagen Sie mal, Herr Adler, woher wissen Sie denn das alles, das mit dem Schloß und so?«

Herr Adler leitete sein Wissen von seinem Vor-
gänger, dem Herrn Breitriese, her, der es seinerseits
wieder von dem damaligen Archivar Brackrock
habe. –

»Und dann, was ich noch fragen wollte, Herr
Adler, hat es hier wohl früher ein Badezimmer
gegeben?«

»Nein, aber wir haben eins unten, wenn es Sie
interessiert …«

Sie dankten. Herr Adler, der noch zum Schluß
auf eine Miniatur, ein Geschenk der Großfürstin
Sofie von Rußland, hingewiesen hatte, verfiel
plötzlich in abruptes Schweigen. Und erst nach
dem das Trinkgeld in seiner Hand klingelte, blickte
er zum Fenster hinaus und sagte, ein wenig geistes-
abwesend: »Dies ist ein ehrwürdiges Schloß. Sie
werden die Erinnerung daran Ihr ganzes Leben
bewahren. Im Garten ist auch noch die Sonnenuhr
sehenswert.«

Claire unterließ es nicht, Wolf ein wenig zu knei-
fen, und an der blumenkohlduftenden Kastellans-
wohnung vorbei schritten sie hinaus, ins Freie.

＊

Am Nachmittag fuhren sie auf dem See herum.
Er ruderte, und sie saß am Steuer, während sie
dann und wann drohte, sie werde ihre graue, alte

Familie unglücklich machen, sie habe es nunmehr satt und stürze sich ins Wasser. Er werde sowieso bald umwerfen. Nein – sie landeten an einer kleinen Insel. Ein paar Bäume standen darauf. Sie lagerten sich ins Gras … Ein kühler Wind strich vom See herüber. Die Uferlinien waren unendlich fein geschwungen, die hellblaue Fläche glänzte matt …

»Sehssu, mein Affgen, das is nu deine Heimat. Sag mal: würdest du für dieselbe in den Tod gehen?«

»Du hast es schriftlich, liebes Weib, daß ich nur für dich in den Tod gehe. Verwirre die Begriffe nicht. Amor patriae ist nicht gleichzusetzen mit der ›amor‹ als solcher. Die Gefühle sind andere.«

»Nun, ich bescheide mich.«

Und, nach einem langen Träumen in den hellen Himmel –, er war so hell, so hell, daß die blitzenden Funken vor den Augen tanzten, sah man lange hinein –:

»Wölfchen, du hast doch niemalen eine andere geliebt, vor mir?«

»Nie!«

Es prickelte, so über die Sehnsucht der Bürger zu spotten, über das, was sie Liebe nannten, über ihre Gier, stets der erste zu sein… Sie waren beide nicht unerfahren.

Stimmen kamen, Ruderboote, Familien, die hier zu einem Picknick landen wollten. Riesige, blecherne Vorratskörbe bedrohten wie Geschütze das Lager der Friedlichen ... Auf und davon! –

Mitten im See: »Söh mal, du muß mir auch ma rudern gelaß gehabt haben –! Mich möcht diß auch mal – buh.«

»Bitte, rudere.«

Sie wechselten, das Boot schwankte.

Die Claire ruderte. Es war eine Freude. Einmal verlor sie beide Ruder. Er mußte mit dem Stock rudern. Endlich fingen sie die Hölzer wieder, die weitab auf dem Wasser getrieben hatten.

»Ich kann es sehr schön. Ich konnt ja auch mal ohne Ruder – ja, konnt ich! Lach nich, du Limmel! Hab ich fürleichs nicht recht, na!«

Und ruderte, daß sie prusten und keuchen mußte, wie eine kleine asthmatische Dampfmaschine. Die Sonne ging schon unter, als sie anlegten. Er bezahlte. Die Claire schwätzte mit der Bootsverleiherin. Er hörte gerade:

»So – also ein kräftiger Menschenschlag ist hier, wie?«

»Tje Fröln, *wir* vertobaken uns Jungen ja nich schlecht!«

Sie lachten noch, als sie am Hotel waren.

Wie friedlich dieser Abend war; sie saßen unter den niedrigen dunklen Bäumen und warteten auf das Essen.

»Claire?«

»Wolfgang?«

»Mir ist so ...«

»Gut so, mein Junge.«

»Nein! Spaß beiseite, mir ist mit dem Magen nicht recht.«

»Das ist Cholera. Wart, bis du was zu essen bekommst.«

»Nein, hör doch, ich hab so ein Gefühl, so leer, so ...«

»Typisch. Das ist geradezu – bezeichnend ist das. Du stirbs, Wölfchen.«

»Die richtige Liebe deinerseits ist das auch nicht! Erst lasse ich dich auf Medizin studieren, und jetzt willst du nich mal durch dein Hörrohr kucken.«

»Ach Gott, nicht wahr, was heißt denn hier überhaupt! – Nicht wahr? – Wer denn schließlich ...«

Aber sie ging doch mit zur Apotheke, die hellbraun und ganz modern sachlich eingerichtet war; weiße Büchsen und Töpfe aus Porzellan reihten sich auf Borden, ein leichter Baldriangeruch durchzog die Räumlichkeiten. Hier händigte man dem Kranken nach eingehender Rücksprache und leutseligem Reden an den Provisor eine kleine Flasche mit einer dunkelbraunen Flüssigkeit ein. Sie half. Gott sei Dank.

Dann aßen sie, und nach Tisch rauchte die Claire. Drüben am Haus saßen die Herren, die jeder Zugereiste als Honoratioren zu bezeichnen pflegt. Juristen, Beamte, der Apotheker, der durch Bruch des Berufsgeheimnisses mit Hinweis auf die beiden der kleinen Runde fettes Gelächter entlockte.

»Prost, Wolf, auf die Alten!«

»Auf die Alten!«

Die Gläser klangen, und drüben die Gäste, die in langer Tischreihe am beleuchteten Haus speisten, blickten herüber. Die Claire blies Ringe.

»Es ist eine maßlose Frechheit«, entschied sie.

»Hm?«

»Hierher zu fahren. Wenn das niemand merkt! Aber es merks niemands – paß mal auf, es merks niemand.«

»Ne quis animadvertat! Prost.«

»Weißt du, lieber reise ich mit einem Flohzirkus wie mit dir.«

»Als, Claire, als mit dir.«

»Ach Gott, konnste auch besser mir nicht zu bekorrigieren zu gebrauchs gehabs habs! Ich spreche dir das schiere Hochdeutsch!«

»Hm. – Eingeweihte wissen davon Kantaten zu singen. Trinkst du noch was?«

»Ob ich noch wen trinke? – Nö.«

»Ich finde, wir gehen noch ein bißchen, hä?«

Sie schlenderten durch den dunklen Ort. Nach langen, schwarzen Häuserstrecken kam eine Bogenlampe, umschwirrt von surrenden braunen

Flecken. Insekten, die durchaus in das Licht gelangen wollten.

»Claire?«

»Wölfchen?«

»Die Tiere da oben, siehst du?«

»Ja.«

»So auch der Mensch.«

Sie blieb stehen.

»Wieso ... bitte?«

»Wie jene Lebewes...«

»Bitte – was hier zu symbolisieren is, symbolisier ich mir alleine. Überhaupt mußt du schlafen gehen. Du sprichst ja schon ganz... anders. Soll ich dir aufs Aam nehmen?«

»Buhle!«

An dunklen Fensterläden kamen sie vorbei und an langen Mauern; hinter rötlich beleuchteten Gardinen saßen Familien und spielten Karten ... Einmal traten sie in einen Hof, stolperten über Pflastersteine und blickten durch ein Fenster in einen Saal.

Drinnen spielten sie Theater.

Von der Bühne sah man nur einen kleinen, gelben, hellen Winkel; aber man hörte alles. »Hoho«, sagte eine überlaute Frauenstimme im Alt, »da werden wir meinen Schwager fragen müssen. Ah, da kommt er ja ...«

Das Publikum schnaufte und zuckte wie eine

vielköpfige Bestie im Dunkel. Man sah Schultern sich bewegen, Köpfe sich hin- und herwenden …

»Himmel, der Fritz«, kreischte jemand auf der Bühne, und die Menge der Theaterbesucher lachte, ihre Körper tauchten auf und nieder, man murmelte …

»Wie merkwürdig«, sagte Wolfgang, »draußen ist es totenstill, der Mond scheint, und hier drinnen spielen sie ein Scheinleben. Und wir kommen hinzu, wissen nichts von den Voraussetzungen des ersten Akts und bleiben ernst.«

Es war still, der hell erleuchtete Winkel der Bühne blieb leer; einer mußte wohl eine zum Lachen reizende Geste gemacht haben, denn jetzt lachten die Frauen hell kreischend, während die Männer beifällig grunzten. Sie beugten sich weiter vor, man konnte undeutlich und durch das Fensterglas verschoben den übrigen Teil der Bühne erkennen, der eine Zimmereinrichtung mit gelber Tapete und gemalten Einrichtungsgegenständen darstellte; ein Mann in grüner Schürze hielt dort oben Zwiesprache mit einer robusten Weibsperson in den Vierzigern. Als Souffleurkasten diente ein alter Strandkorb. Sie hörten die beiden sagen:

»So. Er soll hier reinemachen (in der Tat hielt der Mann einen Besen in der Hand), und statt dessen scharwenzt Er mit den Mädels! Paß Er nur auf, Er Liederjahn.« – Hier kicherte das Publikum. – »Ich werde Ihm die Suppe schon versalzen. Hier und hier und da und da!«

Das Publikum lachte: »Hoho!« und oben bekam der Mann, der bis dahin mit gutgespielter Teppenhaftigkeit den Kopf beflissen-horchend geneigt hielt, einige patschende Schläge ins Gesicht … In diesem Augenblick trat ein junges Mädchen auf die Bühne, und hier nahm die Heiterkeit des Publikums einen so beängstigenden Grad an, daß die beiden unwillkürlich vom Fenster zurückfuhren.

»Der erste Akt!« seufzte er. »Uns fehlt der erste Akt!«

»So ein kleiner Junge, will sich das Theater besehens! Marsch zu Bett!«

Und sie gingen.

Als sie die Treppe hinaufkletterten, hörten sie noch das lachende Lärmen der angeregten Honoratioren.

»Claire, belustigen sich die ackerbautreibenden Bürger über uns? – Ich bin fürchterlich in meiner Wut.«

»Ja, mein Jungchen. Nu geh man zu Bett.«

Ihre großen, breitschultrigen Schatten tanzten an der Wand, weil die Kerzenflamme tanzte … Die Claire stand vor dem Spiegel und löste ihre Haare auf.

»Wölfchen, paß ma auf; da war ich noch 'n

kleiner Mädchen, un da bin ich bei meine Freundin, die Alice, gegangen – heb mir doch mal die Nadel auf! – und da war ein Herr, wie er hieß, weiß ich nicht mehr, und der hat gesagt, mein Haar ist wie aus Seide gesponnen. Ja.«

»Na – und –?«

»Nüchs.«

Die Claire liebte es, Geschichten zu erzählen, die, ohne Pointe, kleine, anspruchslose Begebenheiten ihrer Kindheit enthielten. Sie verlangte, daß man sie sich oft anhöre, und wurde zornig erregt bei dem Einwand, man kenne dies.

»Du bist gar nicht freundlich zu mir. Du liebst mich nicht mehr.«

Einem seelischen Chamäleon gleich, bot sie nun den Anblick einer Liebeskranken. Der Mund war schmerzlich verschoben, der Oberkörper leicht geneigt, die Hände krampften sich.

»Ich meinerseits liege im Bett«, sagte er. Die Kerzenflamme verlosch …

Unten schwatzte das Wirtshauspublikum. Man hörte, wie der Wirt seinen Rundgang bei den Tischen veranstaltete:

»Nun, auch die Frau Schwester wieder gesund? – Ja, ja, so geht's. Hat es den Herrschaften geschmeckt? Ja …«

Oben aber sagte Claire gedankenvoll, langsam:

»Ich möcht dir nu nehmen und einem in sein

Gulasch werfen. Seh mal, er wundert sich bestimmt,
Wie –?«

Aber dann schwieg sie.

*

In der Nacht wachte er auf. Vorsichtig bauschte er
den Vorhang, der weiß und fältig am Fenster leise
vom Nachtwind bewegt war. Der Mond gespens-
terte in den Bäumen, ein Obelisk stand seitwärts
drohend da und warf einen scharfen Schatten. Das
Laub rauschte auf. Warum reagieren wir darauf
wie auf etwas Schönes, fühlte er. Es ist doch nur
ein durch Schallwellen fortgepflanztes Geräusch ...
Und überließ sich gleich darauf willenlos diesem
ruhigen Rauschen, das ein wenig traurig war, aber
Hohes ahnen ließ und die Brust weiter machte ...
Er fuhr herum. Eine ganz verschlafene Kinder-
stimme sagte unter einem Wasserfall von Haaren:

»Is niemand in mein klein Bettchen, und soll
aber jemand da sein, und Klein-Clärchen is ganz
allein ...«

Er trug sie zurück.

*

Als er früh am Morgen vom Friseur zurückkam,
war die Claire am Aufstehen. Es war das so eine

Sache: die erste Viertelstunde pflegte sie mit feiner Stimme ein entzückend klingendes Gemurmel zu stammeln, unzusammenhängende Silben hervorzubringen und in den verschiedensten Nachahmungen von Tierstimmen zu paradieren. Kaum hatte er die Tür hinter sich zugezogen, so begrüßte ihn das Winseln und Mauen einer neugeborenen Katze.

»Aufstehen! Claire! Aufstehen! Alle Leute sind schon nach Tisch.«

Man mußte ein wenig übertreiben – es half sonst nichts.

»Buh!«

»Ja, ich weiß. Komm!«

Und zog ihr die Bettdecke fort.

Später:

»Wölfchen, zieh ich nu das Grüne oder das Weiße an?«

»Hm, welches möchtest du denn gerne anziehen?«

»Das … das weiß ich nicht. C'est pourquoi ich dich frage.«

»So zieh denn das Weiße an.«

»Schön. Was *dieser* Junge mich tyrannisiert, das ist nicht zu sagen. Haach!«

Pause.

»Wolfgang?«

»Claire?«

»Meinst du würklich, daß ich das Weiße anziehen

171

soll? Seh mal … ich meine, mit den Fleckens un so …«

»Also: das Grüne.«

»Schön.«

Nach einer kleinen Weile:

»Ja, haber – ich möchte doch aber gern …«

»Was möchst du gern?«

»Das Grüne –«

»Aber ich sage dir ja, zieh's an!«

»Ja … aber … wenn du's mir sagst, macht's mir gar keinen Spaß. Du mußt sagen: Zieh's nich an, mußt du sagen, oder: zieh das Weiße an, tja.«

Und bevor er sich noch erholt hatte, fing sie an, ein wundervolles Gezänk von sich zu geben, nach Art gewisser Frauen, die sich beleidigt glauben und ihren Gefühlen auch dem Dienstmädchen gegenüber keinen Hehl zu machen pflegen. Das Ganze paßte nicht recht her, aber sie war im Zuge, da war nichts zu machen.

»So? – Also in *meinem* Hause lasse ich mir das nicht sagen, ich nicht! Sie stauben meine kostbaren Seidenmöbel nicht ab, Sie … Geschöpf! – Aber mein Mann, der Bergassessor …«

Er floh. Noch auf dem Korridor hörte er sie wie einen Schusterjungen pfeifen.

Auf den Kaffeetisch schien die Sonne: hier roch es stark und ländlich nach Milch, Butter und einer frischgewaschenen Decke. Bienen und

dicke Fliegen schwammen in einem alten Honig-
glas, das der vorsorgliche Wirt mit Zuckerwasser
gefüllt hatte.

Sie kam herunter, eine Weile sprachen sie nichts.
Sie aß. mein Gott, sie aß und hatte Hunger, den
richtigen Morgenhunger des Langschläfers.

»Claire?«

»Wolf?«

»Ich denke, wir fahren heute morgen ein wenig
spazieren.«

»So, und ich? – Mich nimmt er gar nicht mit! –
Ich will auch mit!«

»Ich sagte: wir.«

»Buh, buh!«

»Ja, du kannst auch mit. Nu weine man nich und
eß.«

»Wolfgang, ein so wunderschönes Deutsch
sprichst du ja auch nicht, nein, das kann man nicht
sagen. Aber keine Sorge: Meine Bemühungen
werden mich das Ziel schon erreichen lassen.«

Sie konnte ganz gewählt sprechen, wie es wohl
alte Erzieherinnen manchmal tun, mit übermäßig
stark betonten Endsilben und weit nach hinten ge-
rutschten Gaumen-»R«s.

»Mein Papa sagt immer, Wölfschen, ich spräche
keinen guten Deutsch. Wie? – Ja, er ist ein erfahrener
Greis, aber wie steht es ihm an zu sprechen ›Stoße
nicht in das Horn des Leichtsinns, mein Kind, und

173

witzele nicht über so schwerwiegende Dinge!‹ Ich frage dich: Hat er unrecht oder hat er unrecht? Zwei Möglichkeiten kommen nur in Betracht.«

»Er hat recht. Da kommt der Wagen.«

Es war sein Glück. Denn schon hatte sie sich hochaufgerichtet und stand da, die Hände fest auf den Tisch gedrückt und schielte …

*

Leicht und schnell rollte der Wagen durch die grüne Allee.

»Wolfgang?«

»Claire?«

»Merks du nichs?«

»Wie bitte?«

»Obs du nichs merks?«

»Nein.«

»Na, aber süh mir mal an!«

»Bei Gott, nichts. Zuckt die Achseln.«

»Du mußt das nicht mitsprechen, was in Klammern steht. Zuckt die Achseln, das steht in Klammern, weißt du? – Aber merkst du nichts?«

»Du hast dich gewaschen.«

»P! – Aber … ein blaues Band hatt’ ich gestern durch mein Hemd gezogs, un nu nich mehr. Du erlaubs mirs ja nich. Du ja nich.«

Bot sie nicht das Aussehen einer sichtlich

Gekränkten, die schmollend die bessern Gefühle des Geliebten anrief?

»Du hast ja 'n Freund, der wo sagt, bunte Bänders in der Wäsche tragen nur Kellnerinnen! Konnst deinem Freund gesagt haben, er konnt bei mir gegangen gewesen sein, ob ich vielleicht 'ne Kellnerin war.«

Ja, er wolle das bestellen.

Aber nun mußten sie in das Grüne sehen, das sich an ihnen vorüberbewegte. Nicht, als ob dieser Wald jene gerühmte Schönheit besessen hätte, wie wir sie auf Bildern und Postkarten zu sehen Gelegenheit haben. Er wies keine »Partien« auf, keine Durchblicke. Aber er machte sie froh. Es war wohl mehr ihre allgemeine Freude, am Leben zu sein. Zwischen den Vergangenen und denen, die noch kommen würden – jetzt waren *sie* an der Reihe – hurra! –

An einer Biegung der Chaussee machte der Kutscher halt, murmelte und verschwand im Gebüsch. Die Claire begleitete seinen Weggang mit frommen Reden ... Und dann fuhren sie weiter, und an einem Wirtshaus am See wurde Rast gemacht, und dort gab es zu essen.

Und dann fuhren sie wieder auf langen Umwegen nach Hause, nach Rheinsberg. Fußgänger begegneten ihnen, schwitzende Familienväter, die ihre Spazierstöcke mit den baumelnden Jacken am Ende Gewehr über trugen und schweigend der nächsten Bierquelle zustrebten, Verliebte, die mit verkrampften Händen selig daherstolperten, einmal hörten sie das Bruchstück eines Gespräches zweier spitzmäuliger Damen.

»Ja«, sagte die eine, »und denken Sie, sie ist eine Berlinerin, aber wissen Sie, im guten Sinne des Wortes ...«

Der Wagen juckelte und knarrte, bald gehen die Pferde im Trab, bald trotten sie langsam mit gesenkten, nickenden Köpfen ... Und immer konnte man, wenn es einem beliebte, den Kopf nach hinten legen, »auf den Verdeck«, wie Claire das nannte, und dann sah man in die Wolken, immer in die Wolken, während der Körper im Rhythmus des Fahrens angenehm bewegt wurde ...

Am Spätnachmittag kamen sie an; es war heiß, vielleicht würde es abends ein Gewitter geben, sagte der Wirt. Sie gingen in den Park. An einem kleinen Rondell schimmerten weiße Figuren aus dem Blätterwerk. Ein Satyr lehnte an einem Baumstumpf, mit gesenkter Flöte, ein Faun stach eine fliehende Nymphe ... Das Schloß leuchtete weiß, violett funkelten die Fensterscheiben in hellen Rahmen, von staubigen Lichtern rosig betupft, alles spiegelte sich im glatten Wasser. Baumgruppen standen da, rötlich-gelb beschienen mit schwärzlichen Schatten, sie warfen lange, dunkle Flächen auf den Rasen. Träge schob sich der See in kleinen Wellchen an die schilfigen Ufer.

»Brühheiß. Kann man eigentlich so den Hitzschlag bekommen, Claire?«

Sie lag am Boden und kaute einen Halm, der schwankend ihrem Munde entwuchs.

»Das kommt ganz auf die Innentemperatur an, mein Junge. Du – bei deiner Hitze – ja, du kannst wohl einen kriegen! Zeig' mal die Zunge – hm ...«

»Du tätest auch besser daran, mehr in den Kollegs aufzupassen, anstatt Herzen mit meinen Initialen in die Bänke zu schneiden. Überhaupt das Frauenstudium ...«

»Bitte, nehmen Sie Platz.« Sie war ganz Würde, und obgleich sie im Gras saß, konnte man glauben, was den Ausdruck ihres Gesichts anbetraf, einen vielbeschäftigten, an seinen Patienten interessierten Arzt vor sich zu sehen.

»Einen Weg zur Heilung werden wir schon finden ... schon finden ...«

Sie kraute sich einen imaginären Bart. »Wissen Sie, ob Ihr Herr Großpapa jemals an einem icterus katarrhalis litt? Oder an einer angina vincentis? Nun, wir werden das Übel schon beheben. Darf ich bitten, den Mund zu öffnen, weiter, weiter – so ...« Und sie warf den Aufhorchenden mit einem starken Stoß nach hinten, ins Gras ...

Die Luft lag unbeweglich, drückend, sie schritten über eine Brücke, darunter das Wasser grün und schleimig abfloß. Sie blickten hinunter. Blätter schwommen vorbei, kleine Zweige, Hölzchen …

»Wolfgang?«

»Claire?«

»Erlaubsus mir? Ja? Nur einmal! Bitte! Bitte!«

Sie drängte sich an ihn, umkoste ihn, ging ihm um den Bart, sozusagen …

»Was denn, was denn, Kind?« Er machte sich frei.

»Erlaubs mir doch! Nie nich erlaubsu mir wen! Ich möcht' doch soo gern …«

»Aber was denn?«

Sie schwieg. Sie sahen wieder von der Brücke in das dahinschleichende Wasser.

»Wolfgang«, sagte die Claire träumerisch, »ich möcht' *einmal* in das Wasser spucken …« Und in den höchsten Tönen: »Erlaubs du mir?« Und piepsend: »Ja?«

Er erlaubte es ihr.

*

Sie gingen durch die Straßen der Stadt. Schaufenster boten lockend ihre Einlagen an, kunstreich geordnet. Oh, man war hier durchaus auf der Höhe, wie man mit Stolz sagen durfte, und hatte sich die Errungenschaften der neuen Zeit zunutze gemacht: ein moderner Wind wehte auch hier. Nach künstlerischen Prinzipien hatte z. B. Herr Krummhaar, der Kolonialwarenhändler an der Ecke des Marktes, sein Schaufenster arrangiert. Blickte man durch die blankpolierten Scheiben, so tat sich dem Beschauer eine schlaraffenhafte Landschaft auf: auf einem Hügel von Paniermehl stand ein Zuckerhut mit einem roten Gelatinekreuz, und sah man näher hin, war es eine Windmühle. Pflaumenwege führten an mit Preisen versehenen Korinthenbeeten vorbei, und auf einem Spiegelglas schwamm eine Brigg, die Herrn Krummhaar aus dem fernen Indien bauchige Flaschen Danziger Goldwassers und Salzbrezeln heranschleppte … Vor der Ladentür waren Fässer aufgebaut, die bis oben hin mit köstlichen Erbsen und allerhand getrocknetem, nun aber längst verstaubtem Obst gefüllt zu sein schienen; nur der Kundige konnte ahnen, daß es sich um eine geschickte Täuschung handle. Lange stand die Claire vor der bunten Pracht, dann zitierte sie mit Ausdruck:

»Und einen Ochsen, ganz bepackt, Mit Fleischextrakt …«

Überall blieb sie stehen, alles wollte sie kaufen, und sie wirbelte herum, schwatzte, lachte, und war nacheinander: ein Frauchen, das ihren Mann zu Einkäufen bewegen will, ein unfolgsames Kind, das sich meckernd von der Hand der Bonne durch die Straßen schleppen läßt, ein kleiner Hund – und zehn Schritte lang bot sie sogar die Kopie eines durchaus nicht einwandfreien Geschöpfes ...

Vor der Tür eines kleinen Lädchens, dessen Schaufenster dem Käufer Posamentier- und Weiß- waren versprachen, standen die Fräulein Luft, zwei gutmütige ältliche Wesen, die ein wenig muffig rochen ...

Sie schöpften die Abendluft, einen Käufer gab es jetzt nicht. Die beiden drängten sie in ihren Laden.

»Ich möchte, bitte, Wäscheknöpfe.« Die Claire war geschäftig, ganz bei der Sache.

»Tje ...«

»Aber bitte, geben Sie mir doch, bitte, weiße Wäscheknöpfe ... zum Annähen ...«

»Tje ... Gewiß.«

Aber die Fräulein Luft rührten sich nicht, son- dern sahen sich und die beiden Besücher, die ihren Laden nahezu ausfüllten, ratlos, verlegen an. Eine von ihnen holte tief Atem ...

»Mochte der schunge Härr nicht so lang rausgehen ...«

»Welch treue Seele«, dachte er. Und ging heraus.

*

»Ein Kinematograph? Hier in Rheinsberg? Wölf- chen, nach dem Souper? Ja?«

Wirklich, es gab einen, und sie gingen hin.

Auf dem Wege schon murrte es in den Wolken, die langsam aufzogen. Wind schüttelte Laub von den rauschenden Bäumen, Staub wirbelte auf.

Aber noch trocken kamen sie in dem Saal des Wirtshauses an. Richtig, ein kleines Orchester war da, es verdunkelte sich der Saal ...

Natur! Malerische Fluß fahrt durch die Bretagne. Koloriert.

Der Apparat schnatterte und warf einen rauchigen Lichtkegel durch den Saal. Eine bunte Landschaft erschien, bunt, farbenprächtig, heiter. Die Kolorierung war der Natur getreulich nachgebildet: Die Bäume waren spinatgrün, der Himmel, wie in einem ewigen Sonnenuntergang, in Rosa und Blau schwimmend ... Während die Flußlandschaft hell vorbeizog, schwankte dauernd ein schwarzer Schatten, in Form einer Stange, durch das Bild, was vermuten ließ, daß die Aufnahme von einem Dampfboot aus gemacht worden war. Dies bestätigte sich; denn nach einer kleinen Weile drehte sich der hellbraun gebohlte Teil eines Schiffes in das Bild, das nun das Nahe und Ferne zugleich erkennen ließ: eine rosagekleidete Dame, mit weißem Spitzenschirm, anscheinend zu diesem Zwecke hinbeordert, erzeugte vermittels freundlichen Lächelns, Winkens und eifrigen Auf- und Abspazierens geschickt den Eindruck sommerlichen Glückes; hinten glitten die kolorierten

Bestandteile der Bretagne vorbei, Trauerweiden, die Zweige ins Wasser hängen ließen, kleine ockergelbe Häuschen, die anscheinend auf ihre Umgebung abgefärbt hatten, ein vorüberziehender Fischdampfer …

Die Claire saß erschüttert.

»Wolfgang, es ist zu traurig! Glaubsu, daß der sterbende Krieger seine Heimat erreicht?«

Er glaubte es nicht. Um so weniger, als jetzt der eben eingetretene Klavierspieler geräuschvoll drei kräftige Akkorde erschallen ließ, sein Bierglas herunterwarf, aber hierdurch unbeirrt sich anschickte, den nunmehr folgenden Film: »*Moritz lernt kochen*« in angemessener Weise zu begleiten. Die Musik tobte: der Nachbar steckt den Kopf zur Tür herein, Moritz steht am Kochherd, packt den andern, wirft ihn in den Topf, daß die Beine heraussehen. Schwanken, Fallen, Töpfe kippen, Sintflut, man schwimmt gemeinschaftlich die Treppe herunter, schüttelt sich unten die Hände, nimmt das triefende Mobiliar unter den Arm und verschwindet …

Die Claire konnte sich nicht beruhigen: sie fragte, wollte alles wissen. Ob er denn nun kochen könne, ob der Nachbar gut durchgekocht sei, sie könne übrigens kochen, perfekt, möchte sie nur sagen.

Und schwieg erst, als helle Buchstaben auf dunklem Grund ankündigten:

Das rettende Lichtsignal. In der Titelrolle Herr Violo. Von der Greizer Hofoper.

Auf Grund einer freundlichen, stillen Übereinkunft zwischen Filmfabrik und Publikum bedeutet die blaue Farbe Nacht, während die rote die Katastrophe einer Feuersbrunst anzeigt, so daß es allen klar wurde, wie man in solch gefährlichen Stunden eines rettenden Lichtsignales des Bräutigams bedurfte. Mochte die Handlung durchsichtig sein, hier war das Leben, aber konzentriert. Wenn das Meer, wenn die Brandung an Felsen schlug, wenn der Vorplatz eines Hauses einen Augenblick frei blieb und wenn man an den Zweigen sehen konnte, wie der Wind geweht hatte, *der* Augenblick war dahin, unwiederbringlich dahin ... Wie beängstigend schön war es, wenn Eisenbahnzüge, lautlos, wie große Schatten erschienen, immer näher, größer – ein Kopf sah aus dem Fenster ...

Aber als die leuchtenden Lichtgestalten zu weinen begannen und ein Harmonium in Aktion gesetzt wurde, schnupfte die Claire tief auf und äußerte schluchzend den Wunsch, nach Hause zu gehen ...

Sie kämpften sich durch Wind und Regen ins Hotel.

Am Morgen gingen sie in die Felder. Das Gewitter von gestern hatte abgekühlt, die ersten herbstlichen Tage kamen. Der Wind wehte stark. Als sie gegen ihn angingen, sang er wie klagend … An den Wegen schäumten die Laubmassen. Milchigweißes Licht beglänzte gleichmäßig die Felder. Die Sonne steckte hinter den stürmenden Wolken; manchmal kam sie hervor, dann war sie rot und fror in der rauhen, kräftigen Herbstluft. Ein leerer Pfad lag vor ihnen, reingefegt vom Wind – und es war Seligkeit, darüber hinwegzuschreiten; junge Linden reihten sich endlos, und es war Glück, immer wieder den ächzenden Stamm zur Seite zu haben. Tief ging der Atem, und die Schultern hoben sich. Sie gingen im Gleichschritt.

Sehnsucht – Sehnsucht nach der Erfüllung! Hier war alles (fühlte er), Herbst, der klärende, klare Herbst, Claire, alles – und doch zog es weiter, der Fuß strebte vorwärts, irgendwo lag ein Ziel, nie zu erreichen!

Viel, fast alles auf der Welt war zu befriedigen, beinahe jede Sehnsucht war zu erfüllen – nur diese nicht. Was war, von oben betrachtet, ein Liebender? – Ein Narr. Wenn sich ihm das geliebte Herz eröffnete, schwieg er, satt und zufrieden. Ganze Literaturen wären nicht, riegelten die Mädchen ihre Türen auf … Ein Amoroso war zu befriedigen, gebt ihm das Weib, das er begehrt, und der tönende Mund schweigt. Was gibt es, *uns* zum Schweigen zu bringen? Wir haben nichts mehr zu verschleiern, wir wissen um alle Heimlichkeiten der Körper …

Auch um alle der Seele? – Es gibt Worte, die nie gesagt werden dürfen, sonst sterben sie... Aber wir wollen nicht in diese Tiefen der Schatzkammern, wir haben einander ganz und doch sehnen wir uns. Was ist das, das uns forttreibt, weiter, höher, vorwärts? – Der Frühling ist es nicht; denn es ist ja zu allen Jahreszeiten, die Jugendzeit ist es nicht; denn wir spüren es in allen Altern, die Claire ist es nicht, wir fühlen es ohnehin.

Jetzt kamen sie durch einen windstillen Hain junger Birken.

Glücklich sein, aber nie zufrieden. Das Feuer nicht auslöschen lassen, nie, nie! In einem runden Loch kreiste träge schwarzes, fauliges Wasser. Alles andere ist ein Vorspiel: die Werbung, die Gewährung, das Genießen. Dann fängt es an und höret nimmer auf. Was kann vorher sein? Beschäftigt mit der simplen Frage: Ja? – Nein? – sehen sie nicht das Wesentliche, nicht das Eigentliche. Entkleide die deinige von deinen Begierden, sie zu besitzen, setze sie in dein Zimmer, wunschlos, allein, denk, du habest alles, was du wolltest ... Bliebe sie? Kann sie mehr als locken, versprechen? – Kann sie *geben*? Nicht jede hält die Belastungsprobe aus. Man behütet nicht umsonst ängstlich das Letzte, wenn man nicht weiß, daß es das Kostbarste ist, was man zu geben hat. Eroberungen, bei denen der Reiz nur im Erobern besteht. Wir aber wollen besitzen.

Und es gibt keine tiefere Sehnsucht als diese: die Sehnsucht nach der Erfüllung. Sie kann nicht befriedigt werden …

*

»Wölfchen! Hallo!« Sie war weit voraufgelaufen und pflückte im Gebüsch weiße Eisbeeren, legte sie im Kreis auf den Boden und knackte sie mit dem Fuß entzwei.

»Warum tust du es?«

»Hast du keinen Sinn für Schönheit? *Fühlst* du nicht, daß das befriedigt, erlöst, wie von einem Druck befreit, wenn die Beere – endlich – aufknackt? – Banause!«

Die Gräser glänzten im Licht, ein dicker Käfer zog über die Chaussee, flog auf, ein Wind strich über den Weg, führte ihn mit sich fort, wollte er dorthin? – Nun, er würde auch da glücklich sein …

Eine Schafherde trappelte durch die gestoppelten Felder; sie wollten ausweichen, aber es war zu spät, der Schäferhund hatte eine lange Reihe zurechtgebellt, sie waren mitten unter ihnen, die Schafe umwogten sie, die Claire schwankte lachend in dem Meer hin und her.

»Wölfchen, wenn mir die Tieren nu fressens?«

»Ihnen nicht, Fräulein, es dürfte sich nicht lohnen.«

Endlich krochen sie heraus, staubbedeckt, lachend.

»Daß du dir da rausgefunden hast, Wölfchen!«

Sie waren auf freiem Feld, glänzend wehten grüne Gräser im Wind, die Luft war in starker Bewegung, aber das Land lag ruhig, mochte es wehen und darüber hinfahren, die Erde blieb fest.

Sie standen auf einem kleinen Hügel, das Land wellte sich weit fort, spielend riß die starke Luft an den Haaren. Dies alles umarmen können, nicht, weil es gut oder schön ist, sondern weil es da ist, weil sich die Wolkenbänke weiß und wattig lagern, weil wir leben! Kraft! Kraft der Jugend! ...

»Claire?«

»Na?«

Und wurde gepackt und wie ein Wickelkind davongetragen, den Abhang herunter bis tief in die blumige Mulde.

*

Und wieder kamen sie nach Rheinsberg, und weil es der letzte Tag war, verschwand Wolf und kam kurz vor dem Mittagessen mit einem großen weißen Paket wieder. Oben angelangt, legte er es auf den Tisch. Die Claire zupfte vor dem Spiegel an ihrem Haar. Wandte sich um.

»Wolfgang?«

»Claire?«

»Was is'n diss?«

»Nüchs, wie du dich auszudrücken beliebst.«

»Na, haber ...«

»Um allen so gearteten Debatten aus dem Wege zu gehen, mein liebes Weib, erkläre ich hiermit, daß in dem Paket mit erhobener Stimme zwar etwas darin ist, aber du dasselbe mit Bedeutung nicht vor dem Abend öffnen darfst. Um zehn geht der Zug, um dreiviertel zehn darfst du, Punkt.«

»Hm.«

Pause.

»Wolfgang?«

»Claire?«

»Sagssu mir, was da drün is? Seh mal ...«

»Schweig. Ich habe gesprochen.«

»Aba, Wölfchen, ich fand, du konnst mir doch den Anfangsbuchstaben sagen und den hintern auch, ich meine den Endbuchstaben, ja?«

»Ich zertrümmere dich. Nein.«

»Nur den Anfang, tje? – Bitte, bitte! ...«

»Schluß. Wir essen!«

Es gab »schöne Sachens« – »Suppens gibs«, erörterte Claire, die alles wußte, »un Hühnegens mit Gemüsen und Hops (Hops? – Obst, Wölfchen, Obst) un denn gübs... Willstu das gern wissen, Wölfchen?«

»Ja.«

»Hm, ich sag dir's auch. Aber du mußt mir sagen, was in dem Paket …«

»Ich will's nicht wissen.«

»Buh!«

Sie »muckschte« wie ein kleines Kind und ließ eine habsburgische Unterlippe hängen, bis das Essen kam.

»Wölfchen, eß man Suppens mitm Messer?«

»Wa–?«

»Na, ich hab mal einen gesehen, der hat mitm Messer geessen.«

»Suppe?«

»Neieinn …«

Aber da kam eine alte Dame an ihrem Tisch vorübergeschlurcht, schielte krumm und murmelte etwas von »unerhört« und »Person« und so.

»Wölfchen, die meint mir. Konnste ihr nich gefordert gehabt habs? – Söh mal, ich bin doch 'ne Feine, nich wahr? oder glaubssu, ich bin eine Prostitierte? Nei–n. Ich ja nich. Ich nich. Hä?«

»Laß das Alter gewähren, mein Kind. Vielleicht hat sie nicht so hübsche Jugenderinnerungen … Wie schrieb der große Friedrich an den Rand seiner Akten? – ›Mein lieber Geheimrat‹, schrieb er, ›wir sind alt und können nicht mehr, wir wollen uns über die freuen, die noch können‹.«

Und dann aßen sie, und als es zu Ende war:

»Wölfchen, die Sonne scheint gerade so schön, wir wollen photographieren.«

Sie holte den Apparat, den sie umständlich herrichtete. Eine Zeitaufnahme war beabsichtigt, unter dem Blätterdach der alten Bäume, die gesprenkeltes Licht zum Boden durchließen.

»Stell dir man hin, Wölfchen. Nun paß auf: wir machens einen langen Aufnahmen. Du mußt nu ümmessu ruhig stehen, weißtu, ganz stille, ich geh solange fort, auf daß es dir nicht lächere ...«

Er stand regungslos, nur gegen die Sonnenstreifen anblinzelnd, fühlte sein Herz klopfen, der Atem ging taktmäßig ein und aus. Wie lange es dauerte? Die Claire wandelte unter den Linden, weiter hinten. Es sah aus, als hätte sie vergessen ...

Ohne die Lippen weit zu öffnen: »Claire!«

Immer noch erging sie sich unter den schattigen Bäumen, aber sie antwortete: »Ja?«

»Noch lange?«

»Nein.«

Wieder Schweigen. Wieder summten die Insekten. Teller klapperten im Haus.

»... lange?«

»Wolfgang?«

»Hm?«

Und von ganz fern: »Du kannst kommen! – Ich habe gar nicht eingestellt!« Und helles Lachen.

»So ein –«

»Aber schön still hast du gehalts!«

Hoho! Wie aus einem Schallbecken platzte Lachen aus ihrem Mund, heftig, lärmend.

Aber er fing sie.

*

Nach dem Essen mußte die Claire schlafen gelegt werden. Sie waren im Sonnenglast hingestreckt, auf einer Wiese, über der die Luft in der Mittagswärme zittrig schwebte. Schweigen.

»Wölfchen?«

»Claire?«

»Sagssus mirs?«

»Was denn?«

»Was in den Paket …«

»Schlaf!«

Sie schnarchte, daß die Grillen vor Schreck verstummten.

»Pst!«

»Du sagst ja, ich soll. Nie nich is es richtig. Buh!«

Wieder Schweigen.

Wie im Selbstgespräch: »Ich fand, wenn du's mir sagtest, gefiel's mir hier besser. Wie? Ich bin neugierig, alle Frauen sind …? Ich will dir mal was sagen, ich will's gar nicht wissen, überhaupt ist es mir egal, es läßt mich kalt.«

»Das kannst du brauchen.«

»Wie?«

»Ich meinte nur.«

»Wölfchen?«

»Claire?«

»Is'n zu essens drin oder …?«

Aber er antwortete nun nicht mehr. Sie schliefen. Und als sie aufwachten – sie hatte ihn wachgekitzelt – stand die Claire auf, strich sich den Rock glatt, und ihre ersten Worte waren: »Neugierig bün ich ga–nich. Aber wissen möcht ich *bloß*, was da in is«, und dachte heftig nach, ohne es herauszubekommen. (Sie hat es nie erfahren, das Paket wurde im Hotel vergessen.)

*

Nachmittags lagen sie im Boot. Der Himmel war klar, noch einmal gab der Sommer seine Wärme.

Dies ist der letzte der drei Tage! Aber ich bin so froh wie am ersten. Jung sein, voller Kraft sein, eine Reihe leuchtender Tage – das kommt nie wieder! Heiter Glück verbreiten! – Wir wollen uns Erinnerungen machen, die Funken sprühen! Wir haben alles voraus – heute! Mögen die in den Gräbern die Fäuste schütteln, mögen die Ungeborenen lächeln – wir *sind*! Alle sollen freudig sein!

Kämpfen – aber mit Freuden! – Dreinhauen – aber mit Lachen! Mädchen, was zieht ihr mit Ketten schwer beladen einher? – Schüttelt sie ab. Sie sind leicht! – Sie sind hohl! – Tanzt, tanzt! –

Vom Ufer her rief sie jemand an, ein Mädchen mit einer Schneckenfrisur und ernsten, schwarzen Augen. Sie trug sich irgendwie in Blau und Grau. Sie ruderten heran. Wo es hier nach dem Forsthaus ginge? Ob es noch weit sei? – Sie beabsichtigten dorthin zu fahren, wenn sie wolle …? Sie dankte, nahm an.

Es ergab sich, daß sie gleichfalls die Heilwissenschaft studiere und sich auch sonst geistig fleißig rege. Sie lud arme Kinder zu sich zu Tisch, um an abgemessenen Gewichtsportionen die Wirkungen gewisser Hydrate festzustellen, auch in andern Beziehungen nahm sie sich dieser Opfer der kapitalistischen Wirtschaftsordnung an und förderte sie durch gute Ratschläge. Das brachte sie ruhig und selbstverständlich vor, bescheiden, aber fest. Das Gespräch glitt weiter. Nein – heiraten wollte sie vorläufig nicht; sie habe noch keinen gefunden, der Mann gewesen wäre, ohne ein Sexualtier zu sein. Sie hatte einen schlechten Teint, und es sah aus, als bade sie selten. – Ob sie denn nie verliebt gewesen sei? – Oh, sie besäße, wie sie, ohne unbescheiden zu sein, mitteilen könne, Temperaments genug. So habe sie neulich auf einem Vereinsfest sogar etwas getrunken, was dem Geschmack nach schwedischer Punsch gewesen sein mochte. Aber das seien doch Nebendinge. Für sie – hier schaukelte das Boot ein wenig – für sie gäbe es nur die Pflicht. Die Pflicht, ihrem Berufe als Wissenschaftlerin und soziales Glied voll und ganz Genüge zu tun.

Dies, was sie anginge. Und die Herrschaften? Mit wem habe sie das Vergnügen? Sie sei stud. med. Aachner, Lissy Aachner. Und die Freundlichen, die sie hier mitnähmen? – Claire ergriff das Wort (Wolfgang graute): – Nun, sie hätten hier ein kleines Besitztum in der Nähe, nicht sehr bedeutend, 300 Morgen etwa, ja, und das sei ihr Bruder, sie seien noch nie in einer großen Stadt gewesen, die Eltern erlaubten es nicht, nein – wie es denn so in Berlin aussähe? – Sie hätten so bunte Vorstellungen davon, aber, nicht wahr? – aus den Büchern könne man das nicht so …

Die Studentin Aachner bestätigte dies. Nein, aus den Büchern könne man dies nicht so. – Man müsse wirklich einmal … Sie könne das den Herrschaften nur empfehlen! – Diese verschiedenartigen Kreise, diese Anregungen, man müsse ordentlich auf dem Posten sein, um all den Anforderungen Genüge zu tun! Nun, – sie, Lilly Aachner, sei auf dem Posten, das könne sie wohl sagen. Und es erwies sich, daß dieses begabte Mädchen über alles, so die Liebe und das Leben, ihre klaren festen Begriffe hatte, an denen nicht zu rütteln war. Sie sei Monistin. Was das sei? Gesellschaftliche Artigkeit trug über ein leichtes Lächeln den Sieg davon. Sie sei erfüllt von dem Glauben, daß alles sich auf natürlicher Grundlage nach Maßgabe der betreffenden Umstände aufbaue. Auf die Umstände lege sie besonderes Gewicht, auf die käme es an ... Aus ihnen ließe sich *alles* herleiten. Sie, Lissy Aachner, wäre nimmermehr das geworden, was sie sei, wenn nicht die Umstände und das, was man wohl Milieu nenne, sie zu einem Produkt der neuen Zeit gemacht hätten. Und diese Umstände zu erkennen, das sei es, fuhr stud. med. Aachner fort, worauf es ankäme ... *Erkenntnis*, das sei das Wort! – Wohin sollte es führen, wenn wir auf der Stufe alter Barbarenvölker ständen und den Regen z. B. noch als etwas Göttliches empfänden? Der Regen sei einfach ein Niederschlag atmosphärischen Wassers in Form von Tropfen oder Wasserstrahlen. Dagegen war nichts zu sagen. Der Regen war in der Tat ein Niederschlag atmosphärischen Wassers in Form von Tropfen oder Wasserstrahlen. Und habe es nicht mit den geistigen Dingen eine ebensolche Bewandtnis? – Sei nicht auch hier Erkenntnis das Element alles Lebens? – Wie wolle man sich denn vor Liebesschmerz hüten, ohne die Elemente dieses Affekts, die Liebe und den Schmerz, analysieren zu können? – Sie gäbe ja Ausnahmen zu, bemerkte die Sprecherin, aber wenn wir auch heute noch nicht so weit wären, alles zu erkennen, so läge dies eben an einer Mangelhaftigkeit unserer Apparate bzw. Organe. Es würde schon noch werden. Seien nicht auch die Religion, die Kunst Dinge, die restlos in ihre Bestandteile aufzulösen nur einem Orthodoxen als kühn erscheinen könne? – Ja, das gesamte Leben als solches ... Aber hier lief der Kahn auf den Sand, daß es knirschte. Man war angelangt. Die stud. med. Aachner bedankte sich und schritt durch das Grün auf das Forsthaus zu, männlichen Schrittes, geradeaus, und irgendwie in Blau und Grau gekleidet ...

Die beiden trieben ab, das Boot schwankte, bewegt durch das Schaukeln der Lachenden. Und wieder trug sie die Strömung dahin, der fächelnde Wind kräuselte das Wasser, brachte frischere Lüfte ... Einmal legte die Claire die Hand auf den Bootrand: diese ein wenig knochige und männliche Hand, auf deren Rücken blaßblaue Adern sich strafften; sah man aber die holzgeschnitzten, langen Finger, so ahnte man, es war eine erfahrene Hand. Diese Fingerspitzen wußten um die Wirkung ihrer Zärtlichkeiten, kräftig und sicher spielten die Gelenke ... Die Hand hing im Wasser und zog einen quirlenden Streif. Dunkelgrün und klar lagen die Ufer weit zurück.

Leuchtender, leuchtender Tag! – Da-sein, voraussetzungsloses Da-sein und immerfort wissen, daß eine ist, die gleich fühlt, gleich denkt ... (Denkt, fühlt sie wirklich? Aber ist das nicht einerlei, wenn wir nur glauben?) Nun, wir *glauben* eben einmal, daß wir uns nur deshalb nicht begegnen, weil wir nebeneinander demselben Ziele zulaufen, gleich strebend, parallel – ... Dies zu wissen – das ist Glück. Ein Seitenblick genügt: all deine Empfindungen sind hier noch einmal, aber umkleidet mit dem Reiz des Fremden. Wozu noch sprechen? – Wir wissen ohnehin. Wozu versichern, betonen? – Wir wissen, wir wissen. Und das Erlebnis und ich und sie – das gibt einen Klang, einen guten Dreiklang.

*

Aber nun waren nur noch zwei Stunden bis zur Abfahrt.

»Wolfgang?«

»Claire?«

»Gehen wir noch ein bißchen spazieren? Komm, in die böhmischen Wälder!«

Und sie gingen durch den dämmerigen Park, in dem die Baumgruppen erdunkelten, sich schwärzlich auseinanderschoben ... Der Himmel war am Nachmittag schimmernd klar gewesen – noch spannte er sich wie ein ungeheurer Bogen von Osten nach Westen, aber nun hatte er eine dunkle Färbung angenommen, er war fast schwarz, und weiße Wolkenflecken zogen rasch unter ihm dahin.

Gewiß blies hier der Wind immer so in die Baumwipfel, daß sie auf rauschten, strich durch die Stämme, raschelte schleifend im Laub ... *Sie* empfanden: Abschied. *Sie* mußten fort. Leises Trauern ... noch einmal zogen sie die reine Luft ein. Abschied. Eine neue Etappe. Aber diese haben wir gelebt.

Der Weg führte auf einen Hügel, durch Wiesen und an schwärzlichen Sträuchern vorbei. Sie sprachen nichts. In der Höhe glänzten helle Fenster einer Villa. Töne? ... Da oben gab es Musik. Sie schritten aufwärts. Blieben im Dunkel stehen. Das gelbe Licht traf sie nicht: es bestrahlte einige Zweige der Linden, die am Haus gepflanzt waren. War es ein Ball? –

Ein Walzer kam. – Die Geigen – es mußte eine starkbesetzte Kapelle sein – zogen süß dahin, sie sangen das Thema, ein einfaches, liebliches, in langen Bogenstrichen. Verstummten. Aber nun nahmen es alle Instrumente auf, forte, und es war, wie wenn zarte Heimlichkeiten ans Licht gezogen würden. Mit Wehmut dachte man an die Pianopassagen. Aber auch so machte es einen schweben, und der Rhythmus, dieser wiegende, schleifende Rhythmus zuckte und warb. Sie standen unruhig, hatten sich bei den Händen gefaßt, reckten sich ...

Und da brach die Lustigkeit prasselnd durch: in tausend kleinen Achteln, die klirrten, wie wenn glitzernde Glasstückchen auf Metall fielen, brach sie durch, die Geigen jubelten und kicherten, die Bässe rummelten fett und amüsiert in der Tiefe, und auch der Zinkenist machte kein Hehl daraus, daß ihn das Ganze aufs höchste erfreute. Der Teil wiederholte sich, wieder kletterten die Geigen in die schwindelnde Höhe, guckten von ihrem hohen Sopran in die Welt, und schließlich lösten sich die Töne auf zierliche, spielerische Weise in nichts auf. Dröhnten nicht drei Paukenschläge? – Ein Dominantakkord erklang: ein Lauf, von der Flöte gepfiffen, machte neugierig, gespannt ... Und wieder ein Lauf, die Geigen folgten, die Melodie blieb auf einem neuen Dominantakkord stehen ... Pause ... Und das alte, süße Thema kehrte in den Geigen wieder, hier war Erinnerung, heimliche Freuden und alles verliebte Flüstern der Welt! – Und da packte es die zwei, und sie drehten sich langsam, schwebend, und sie tanzten auf dem struppigen Rasen, schweigend, ruhig anfangs, dann schneller und schneller ... Noch einmal bliesen Fanfaren königlich und stolz, kaum wiederzuerkennen, das Thema, dann wirbelten die beiden tanzend den Abhang herunter.

Und kehrten zurück und packten ein, fuhren in dem rumpligen Hotelwagen zur Bahn, bestiegen in Löwenberg den D-Zug und fuhren durch die Nacht, brausend, aufgewühlt, nach Berlin.

In die große Stadt, in der es wieder Mühen für sie gab, graue Tage und sehnsüchtige Telephongespräche, verschwiegene Nachmittage, Arbeit und das ganze Glück ihrer großen Liebe.

Béla Balázs

Erinnerung

Ich gehe manchmal stundenlang durch die Felder mit der Empfindung, immer tiefer und tiefer einzudringen. Wohin? Das kann man nicht benennen. Und auf einmal fühle ich: Jetzt bist du da. Wo? Das kann ich nicht sagen. Es ist, als wäre ich eingetreten in eine Runde, die mich kennt. Die Berge schauen mich an ruhigen Blicks, und die Bäume winken ganz leise. Wie der verlorene Sohn bin ich heimgekehrt, und ein Ernst durchleuchtet mich, der mich nirgend anderswo überkommt. Er ist klarer als jede Freude und härter als jeder Schmerz. Er ist mein reinster Zustand. Ich bin angekommen zu mir selbst.

Da blicke ich um mich mit dem Gefühl des Von-neuem-Beginnens. Dann taste ich nach meinem eigenen Gefühl, denn ich möchte es fassen, aufbewahren, mitnehmen. Dann könnte ich mich nie verlieren und beschmutzen.

Wo bin ich in diesen Stunden, da ich mir näher bin als sonst? Und warum geschieht mir das nur draußen auf den Wiesen? Steh ich dort irgendeiner letzten Antwort näher? Denn unser trüb-unstetes, aufgeregtes Verirrtsein hat nur einen Grund: die Entfernung. Ich habe kein anderes Wort dafür als die *Entfernung*. Doch haben wir Menschen die ganze Kultur nicht darum erfunden, um näher zu kommen?

Religionen, Philosophien und Künste, sollten sie nicht alle Wege sein, um näher zu kommen? Doch hier auf der Wiese habe ich mich all dieser Wege entledigt mit dem Gefühl des Von-neuem-Beginnens. Das wirkt als tiefe Beruhigung. Denn wer unterwegs ist, der kann sich schon verirrt haben. Hier aber schaue ich um mich wie der erste Mensch am ersten Tage. Vor dem ersten Fehltritt. Und Uranfang spiegelt letztes Ziel.

Warum geschieht mir diese Heimkehr zu mir selbst nie in der Stadt und nie in meinem Zimmer? Zumindest nie so deutlich, so deutbar? Denn die Erinnerung an mich (die solche Heimkehr ausmacht) da draußen auf der Wiese langt länger zurück. Aus dem früheren Leben unserer wandelnden Seele ist nur die Natur wiederzuerkennen. Alles andere hat sich verändert. Anders sind jetzt die Häuser und die Kleider, die Werkzeuge und die Worte, Gedanken und Gebräuche. Nur vielleicht die Liebe ist sich ähnlich geblieben und der Wald. In den letzten paar tausend Jahren wurden auf der Szene die Kulissen der Natur nicht gewechselt. Jede Landschaft ist ein *déjà vu.* Weckt alte Erinnerungsbilder, und du siehst deine Wurzeln vor deinem Leben wie die Wurzeln der Seerosen tief unter dem Wasserspiegel. Die Zeit wird durchsichtig wie ein stiller Bergsee.

Hansjörg Schertenleib

Gute Menschen

Ich frage mich schon lange, was die Menschen wohl dazu treibt, auf neue Erfahrungen versessen zu sein. Ich weiß es nicht. Ich bin ein träger Mensch, ich war es schon als Kind. Mochten die anderen Baumhütten bauen, Wälder durchstreifen, Obstgärten plündern, sich von den Söhnen der Nachbarn untersuchen lassen, Kleider für ihre Puppen nähen oder aus Sand, Dreck, Gras und Ästchen mehrgängige Mittagessen für ihre Puppenfamilien kochen: Ich lag lieber in meinem Zimmer und ließ die Zeit verstreichen.

Müsste ich mein Wesen in einem Begriff zusammenfassen, gibt es keinen Zweifel, was ich wählen würde: Trägheit. Andere Menschen mögen Abwechslung brauchen. Ich nicht. Mein Ort ist das Bett, der Sessel vor dem warmen Heizkörper oder noch lieber vor einem Kamin, in dem ein Feuer brennt. Es macht mir nichts aus, mich zu langweilen. Es macht mir etwas aus, gestört und in Aktivitäten getrieben zu werden, die mir nicht liegen.

Warum habe ich dann die umständliche Reise auf die schottische Isle of Mull auf mich genommen? Weil ich keine Lust hatte, schon wieder meine Sommerferien für die Pflege meiner gemütskranken Mutter zu opfern. Weil mir selbst der Gedanke, täglich mehrmals mit ihr zu telefonieren und mir ihr Gejammere anzuhören, zuwider war. Und weil mir die undeutliche Fotografie des Blockhauses in der Broschüre gefiel, die für die Whale-Watching-Week warb. Das Haus stand offensichtlich direkt am Meer und wurde nur durch eine Zeile grober Felsblöcke vor dem offenen Atlantik geschützt.

Als ich in Glasgow aus dem Flughafen trat, regnete es. Und als ich in Oban die kurze Strecke vom Bahnhof zum Hafen der Fährschiffe zurücklegte, regnete es auch. Dass Oban nicht bloß aus jener Handvoll Häuser besteht, die sich um das Hafenbecken drängten, sollte ich erst auf der Rückreise feststellen: Am Tag meiner Ankunft brachte der Nebel den größten Teil der Stadt nämlich kurzerhand zum Verschwinden. Die Fähre der Caledonian-Line fuhr stampfend in eine graue Wand hinein, die sich hinter uns sofort wieder schloss. Das Meer konnte ich nur sehen, wenn ich mich über die Reling beugte und die Augen zusammenkniff. Allerdings waren die Windböen so kalt, dass ich mich bald in eines der Restaurants auf dem Oberdeck setzte, um mich auf die gemaserte

Fläche meines festgeschraubten Tisches und den schlammfarbenen Kaffee zu konzentrieren, der in meinem Becher hin und her schwappte.

Als ich in Craignure auf Mull von Bord ging, schüttete es. Der Wind trieb den Regen bald in diese, bald in jene Richtung und schwang ihn wie eine große nasse Gardine zwischen den Leuten hin und her, die mit gesenkten Köpfen auf die Busse und Autos zuliefen. Obwohl ich den Jeep der Sea World Surveys sofort erkannte, stellte ich mich zuerst einmal unter das Vordach des Souvenirshops, um abzuwarten, wie sich die Dinge entwickelten. Offen gestanden dachte ich daran, gleich mit der nächsten Fähre nach Oban zurückzufahren und meine Ferien in einem gemütlichen Hotel in Glasgow hinter mich zu bringen. Mir war übel, und ich hatte nasse Füße. Mein Gesicht war taub vor Kälte, ich traute mich kaum, die Lippen zu bewegen, um herauszufinden, ob ich noch sprechen konnte. Der Himmel war schwarz, das Meer, soweit ich sehen konnte, auch. Ein Schauder leiser Panik durchlief mich. Immerhin schien sich das Ganze zu einer Art Abenteuer zu entwickeln. Die Stimmung war unheilvoll. Dann riss der Nebel plötzlich auf, und es zeigte sich, dass direkt hinter den Häusern ein begraster Berg wie eine Wand in die Höhe wuchs. Abgesehen von einer kreisrunden Wiese, die im Sonnenlicht lag, als werde sie von einem einzelnen Scheinwerfer angestrahlt, lag der Felsklotz im Dunkeln und wirkte entsprechend bedrohlich und unnahbar. Die Wiese dagegen leuchtete verheißungsvoll. Im selben Augenblick, wie sich der Nebel lichtete, sprang der Motor des Jeeps an, und der schlammverspritzte Wagen fuhr los. Seine Scheiben waren beschlagen. Dieser Anblick hatte etwas Endgültiges, ich fühlte mich ausgeschlossen und verlassen. Darum trat ich rasch auf den Parkplatz hinaus und hob die Hand. Der Jeep hielt sofort an, die Fahrertür sprang auf. Die Frau, die ausstieg und auf mich zukam, war vielleicht zwanzig, auf jeden Fall aber höchstens halb so alt wie ich. Sie trug einen roten Anorak, Jeans und Gummistiefel.

»Anita Bechtler?«, fragte sie.

Ich nickte. Ihre dunklen Haare waren unregelmäßig geschnitten. Sie war nicht geschminkt und sah mich prüfend an.

»Lynda. Sea World Surveys. Du gehörst zu uns.«

Wir gaben uns die Hand, und sie nahm meine Tasche und verstaute sie im Laderaum des Jeeps. Auf dem Rücksitz saßen zwei Frauen in meinem Alter, die mich vorwurfsvoll ansahen, gleichzeitig aber nickten. Sie wirkten erschreckend widerstandsfähig und entschlossen. Im ersten Moment hielt ich sie für Zwillinge. Beide hatten eigelbe Regenjacken mit pelzgefütterten Kapuzen sowie Handschuhe an. Die Frau, die vorne saß, nahm mich erst zur Kenntnis, als ich die Beifahrertür öffnete. Sie hob mir ihr Gesicht entgegen und sah mich völlig unbeteiligt an. Die Gläser ihrer Hornbrille vergrößerten ihre feuchten Augen auf eine derart groteske Weise, dass ich zurückschreckte. Die Frau war bestimmt nicht über dreißig, wirkte jedoch völlig erloschen. Sie hatte die ungesündeste Gesichtsfarbe, die man sich denken kann, ihre Stirn war mit entzündeten Pickeln übersät. Außerdem war sie alarmierend gekleidet: Ihr Anorak war mit vielen kleinen Walen oder vielleicht auch Delfinen bedruckt, darunter trug sie einen rosa Plüschpulli. Ich sah der Frau an, dass sie nicht wollte, dass ihr jemand zu nahe kam. Also drückte ich die Tür vorsichtig zu und stieg hinten ein.

Die Fahrt von Craignure nach Dervaig, dort befand sich die Wal-Station, dauerte fast eine Stunde. Lange genug, um mir darüber klar zu werden, dass ich die Frauen, abgesehen von Lynda, nicht mochte. Offensichtlich legte das Trio Wert darauf, als Tierschützer ernst genommen zu werden. Sie wollten etwas Abenteuerliches erleben und gleichzeitig Gutes tun.

»Wir finden nämlich, dass es wichtig ist, Solidarität mit unseren bedrohten Tierarten zu bekunden«, sagte Penny, die links von mir saß.

»Und sich selbst von einer neuen Seite kennenzulernen«, meinte Maureen und stieß mich mit dem Ellbogen an.

Sie kamen beide aus Oxford, kannten sich seit Ewigkeiten und sprachen ein verkniffenes, herablassendes Englisch, das mich zum Lachen reizte.

»Die zwei Männer haben übrigens abgesagt«, sagte Antje vom Beifahrersitz mit matter Stimme. Sie stammte aus Norddeutschland und hatte sich von den beiden Oxforderinnen belehren lassen müssen, dass ihr Englisch deutlich schlechter sei als meines, leider.

»Welche Männer?«, fragte ich.

»Die, die sich ebenfalls angemeldet hatten«, erklärte Antje und drehte sich nach mir um, »elende Feiglinge.«

Der Regen hatte mittlerweile nachgelassen. Wir fuhren über eine Hochebene, in der es nichts gab. Nichts als kümmerliches Gras, eingestürzte Scheunen oder Häuser, schadhafte Zäune und Hunderte von Schafen, die sich nicht um uns kümmerten. Aber das Licht war zauberhaft. Warm und gelb flutete es schräg über die Landschaft, selbst das Gesicht von Penny war mit einem Mal weich und entspannt. Schön? Nein, schön war es noch immer nicht. Aber zumindest weich. Oder doch nicht. Weil es nämlich schon wieder dunkel wurde, finster. Waagrecht zogen Regengarben über den gottvergessenen Landstrich, prasselten über unsere Frontscheibe.

»Wir sind bald da«, sagte Lynda.

Sie hatte während der ganzen Fahrt kein Wort gesagt. Ich sah ihr im Rückspiegel an, dass sie sich in Gedanken an einem anderen Ort befand. Ihr Lächeln war nachsichtig, immerhin lebte sie von unserer Kursgebühr.

Kurz darauf wand sich die Straße in engen Serpentinen talwärts, wir drei auf der Rückbank kippten einträchtig nach rechts und nach links, und ich stellte fest, dass Penny und Maureen das gleiche Parfum verwendeten. In einem Garten stand ein Mann, der uns mit einer Schaufel hinterherwinkte, neben ihm war ein Esel angepflockt. Jetzt lag aufgefächert das Meer vor uns, glitzernd und blinkend wie erwartet. Aber halt doch auch grau. Grau wie Elefantenhaut. Natürlich stießen die drei anderen Teilnehmerinnen trotzdem Laute des Entzückens aus, Penny schlug sich begeistert auf ihre Thermohose, dass es nur so schnalzte, während mir Maureen mehrmals ihren knochigen Ellbogen in die Seite schob. Und Antje hatte Tränen der Rührung in den Augen. Nein, hatte sie nicht, aber ich hätte es mir durchaus vorstellen können. In ihrem Pullöverchen.

Wir fuhren durch ein Dorf, vorbei an einem bunt bemalten Lebensmittelladen und an einem Pub, der aussah, als stürze er demnächst in sich zusammen. Vor dem Lokal standen Männer, die uns zuprosteten.

»Sehen Sie nicht wie Schotten aus?«, lachte Maureen.

»Es sind Schotten, Schätzchen«, sagte Penny.

Danach ging es durch ein Wäldchen, vorbei an liebevoll hergerichteten Steinhäusern, bis Lynda schließlich auf eine Schotterstraße bog, die nach wenigen hundert Metern zur Karrenspur wurde.

»Festhalten«, sagte Lynda.

Wir wurden tüchtig durcheinandergeworfen, Antje kreischte halbherzig und warf ihre Ärmchen in die Höhe. Lynda sah mich im Rückspiegel an, ich hatte eine Verbündete. Die Karrenspur führte quer über eine ungemähte Wiese auf eine Bucht zu, dem Traum jedes Binnenländers: Bewaldete Hügelflanken drängten das Meer zur Breite eines Flusses zusammen, ließen gleichzeitig aber den Blick frei auf den Atlantik und seine Wellen. In der Bucht selbst ragten Felsbuckel aus dem ruhigen Wasser, ich ahnte, was die beiden, die mich in der Zange hatten, dachten: Wale, dachten sie, leibhaftige Wale, wenn das nicht der perfekte Auftakt ist! Penny und Maureen atmeten gleichzeitig tief ein und aus, packten meine Unterarme und rissen sie in die Höhe, als sei ich diejenige, die unbedingt jubeln wolle. Ich gebe zu, dass ich mich nach dem Blockhaus umsah, dem Stübchen mit dem Sessel vor dem Ofen, dem bullernden, und der Aussicht, der sagenhaften, die eigentlich gar nicht zu beschreiben ist. Aber im selben Augenblick bog Lynda auf eine weitere Karrenspur, die zuerst in einen düsteren Wald führte und danach, ich schwöre es, über einen Müllplatz. Unsere Enttäuschung stand greifbar im Wagen, die Luft jedenfalls war mit einem Mal schwer, dumpf und kaum zu atmen. Am Rand des Müllplatzes hielten wir vor dem Blockhaus, das ich auch sofort erkannte. Selbst die Felsblöcke lagen da, aufgereiht und eindrucksvoll in ihrer Wucht. Durch den Maschenzaun, der uns von der Müllhalde trennte, drückte der Abfall, wollte sich weiter ausbreiten, wachsen.

»Das hättet ihr jetzt aber nicht erwartet, was?«, sagte Antje spitz und sah sich nach uns um.

»Du hast es gewusst«, stellte ich fest.

»Weil ich nämlich schon mal hier war, darum«, sagte sie nicht ohne Stolz.

Was ich aufgrund der Fotografie für das Meer gehalten hatte, erwies sich als kleine Anhöhe, die über und über mit einer kniehohen Pflanze bewachsen war. Ich habe keine Ahnung, wie diese Pflanze heißt, aber sie erinnerte mich an eine Kiefernart, die ich aus den Alpen kenne. War ich hier nicht am Meer? Nein, war ich eben nicht.

Das Zimmer war etwa so groß wie das Bad in meiner Wohnung. Aber wie die Dinge lagen, konnte ich froh sein, dass es ein Einzelzimmer war. Den Sessel, den gemütlichen, den man nie mehr verlassen will, gab es nicht, an den Ofen hatte ich sowieso nicht geglaubt. Über dem Bett hing ein Wandteppich mit abstrakten Motiven in Orangetönen, über dem Waschbecken ein Spiegel, der nicht größer war als ein Bierdeckel. Der Blick aus dem Fenster ging auf eine leere Wiese, ich hätte es aber auch schlechter treffen können: Aus dem Doppelzimmer, das sich Penny und Maureen teilten, sah man auf drei Abfallcontainer, die man zwischen das Blockhaus, die Felszeile und die Anhöhe gezwängt hatte. Zwischen den Felsblöcken roch es ungesund, das hatte ich überprüft. Ihr Zimmer war übrigens nicht größer als meines. Dafür waren ihre zwei Wandteppiche in Blautönen gehalten, was freilich auch nichts half – was die Größe des Wandschrankes, die Härte der Matratze sowie die Farbe des Fußbodens betraf, (senfgelbe Auslegeware mit dunkelbraunen Ellipsen).

Das Schaumbad, das mich wahrscheinlich einigermaßen versöhnt hätte, fand leider auch nicht statt. In der Broschüre war allerdings ausdrücklich von zwei Duschen die Rede gewesen. Als ich das Bad betrat, stieg eine fröhlich zwitschernde Penny aus der Kabine in der Ecke, nicht dass ich es darauf angelegt hätte. Auf eine Dusche hatte ich schon vorher keine Lust gehabt, wirklich nicht. Ich legte mich rücklings auf das Bett, wartete ab und döste ein. Sitze auf meinem handtuchgroßen Balkon, die Dächer dunstig, der Himmel glasig und leicht, Sonntagssonne auf dem nackten Bauch, und tue so, als hörte ich nicht, dass das Telefon klingelt und klingelt, es hört gar nicht mehr auf, Mutter hat Geduld. Wenn sie wüsste, dass ich sie direkt aus ihrem Krankenbett vom Balkon kippe. Vorbei an den Eternitkästchen mit den verblühten Geranien. Sie dreht sich in der Luft und schreit, aber das hilft ja alles nichts, gleich schlägt sie auf, gleich. Im Hof, auf der Haube meines zitronengelben Fiats. Dort liegt sie auf dem Rücken, im Schatten der Buche, die sich über sie neigt, aber das sieht sie schon gar nicht mehr. Was sie sieht, ist mein Gesicht über dem Geländer mit dem abgeplatzten Anstrich, und meine Augen, die sich ganz langsam schließen und wieder öffnen. Die Zeit verweht. Vaters Hände zittern, als er mir die Farbbilder seiner neuen Familie zeigt, der blasse müde Mann. Als ich erwachte, war es beinahe dunkel.

Das Telefon klingelte noch eine Weile, dann wurde abgehoben. Außerdem roch es nach angebratenem Fleisch und nach Zwiebeln. Auf der Wiese vor dem Fenster stand jetzt eine einzelne Kuh, die nachdenklich in den Abendhimmel sah. Ich blieb liegen, bis ich Schritte hörte, schwere Schritte, jemand kam den Flur hinunter, den Holzboden erschütternd. Dann verkündete eine Männerstimme, das Abendessen sei bereit. Die Kuh sah immer noch in den Himmel, der am Horizont nun eine rosa Färbung angenommen hatte. Habe ich erwähnt, dass es nicht mehr regnete?

Der Esstisch stand mitten im Aufenthaltsraum und bot mindestens zwanzig Gästen Platz. Das Sea World Survey hatte also schon bessere Zeiten gesehen. Das bewiesen auch die Farbfotos, die neben Seekarten und Plakaten der diversen Wal-, Fisch- und Vogelarten an den Wänden hingen. Auf den meisten dieser Fotos standen die Teilnehmer früherer Whale-Watching-Weeks bei verschiedensten Wetterlagen dicht gedrängt auf der Aussichtsplattform eines Hochsee-Bootes, dessen Name ich erst auf einem vergrößerten Bild lesen konnte: MV Alpha Beta. Auf anderen Fotos standen sie an Stränden und deuteten auf Tiere, die wie Seehunde aussahen, beugten sich über irgendwelche Steine oder Muscheln, saßen um Feuer oder in einem schwarzen Gummiboot. Zwei Dinge aber waren auf allen Bildern gleich: Die Gruppen umfassten nie weniger als zehn Teilnehmer. Und alle Teilnehmer waren ganz offensichtlich ausgelassen, fröhlich, glücklich. Alle. Immer.

Penny und Maureen hatten sich umgezogen. Sie trugen blaue Trainingsanzüge mit weißen Kapuzen und Tennisschuhe. Und sie hatten sich die Lippen geschminkt. Antje saß bereits am Tisch, einen dampfenden Topf vor sich. Man sah ihr an, dass sie sich zu gerne ihren Teller gefüllt hätte.

»Wo ist Lynda?«, fragte ich.

»Isst zu Hause«, sagte Antje.

»Und der Kapitän des Schiffes?«

»Lynda *ist* der Kapitän«, sagte sie, »und isst immer zu Hause.«

Sie machte eine vage Handbewegung, ganz die Gastgeberin, die uns aufforderte, Platz zu nehmen. Als ich den Koch und seine Assistentin sah, wusste ich, was es geschlagen hatte. Die Erfahrung hat mich gelehrt, dass es nicht immer falsch ist, seinen Vorurteilen zu vertrauen. Sie kamen mit einer Flasche Mineralwasser und einer Schüssel Maissalat aus der Küche. Stevie war bestimmt 120 Kilo schwer und sehr groß. Sein Schädel war kahl geschoren und sein Gesicht von Aknenarben gesprenkelt. Er trug ein Unterhemd, hatte sich eine Schürze umgebunden und präsentierte uns seine Tätowierungen auf Armen, Händen, Rücken und Hals. Über dem rechten Auge hatte er eine schwarze 8 stehen, was immer dies bedeuten mochte. Seine Freundin hieß Birdy, und so sah sie auch aus. Sie war winzig und so unsicher, dass ich mich kaum traute, sie anzusehen. Beim Färben ihrer Haare hatte sie sich vertan, nehme ich an. Abgesehen von einem handgroßen Fleck auf dem Hinterkopfwaren ihre Haare karottenrot. Der Fleck war gelb, also mir tat sie leid.

Sie kamen aus Liverpool und lebten in einem verbeulten Wohnwagen auf dem Grundstück der Sea World Surveys. Später sah ich, dass an der Tür des Geschirrschrankes ein Zettel klebte, auf dem Birdy einen Teller sowie die Anordnung des Bestecks aufgezeichnet hatte. Außerdem hatte sie die schematischen Darstellungen angeschrieben: Messer. Löffel. Gabel. Glas. Bis auf einige Schachteln Eier, mehrere Beutel Würstchen und Speck war der Kühlschrank leer.

»Stevie war früher drogensüchtig«, zischte Antje, nachdem die beiden wieder in der Küche verschwunden waren.

»Schade, ist er das nicht immer noch«, sagte Maureen trocken.

Das Essen selbst, also ich starb vor Hunger. Bis auf einen diagonal zerschnittenen und mit Räucherlachs belegten Toast im Flugzeug und einen diagonal zerschnittenen und mit Kochschinken belegten Toast auf der Fähre hatte ich den ganzen Tag nichts gegessen. Stevies Chili con carne war scharf, das hatte er also durchaus richtig hingekriegt. Unsere Nasen liefen, wir hatten Tränen in den Augen. Der Maissalat war aus der Dose, auf die Zubereitung einer Soße hatte Stevie gnädigerweise verzichtet. Wein? Gab es keinen. Und auch kein Bier. Antje schob die Fleisch- und Bohnenpampe auf ihrem Teller hin und her und bildete Berge, die sie mit flinken Gabelbewegungen zerstörte, um sie an einer anderen Stelle des Tellers wieder aufzubauen. Wir sollten wohl den Eindruck erhalten, sie mache sich nichts aus dem Essen. Aber sie verputzte vier Portionen, wer weiß, wie sie dies in der kurzen Zeit anstellte, ich habe jedenfalls mitgezählt.

Kaum legten wir das Besteck neben die leeren Teller, kam Birdy aus der Küche geschossen und räumte den Tisch leer. Als Nachspeise gab es giftgrünen Wackelpudding und Kaffee, den ich zuerst für Tee hielt. Für den Abwasch spielten Stevie und Birdy Rockmusik auf ihrem Gettoblaster, das ganze Geschäft war nach zwei Songs, die allerdings genau gleich klangen, erledigt. Offenbar hatten sie es eilig, in ihren Wohnwagen zurückzukommen. Vor den Fernseher? Das hätte ich auch gerne getan: mich in meinem Lieblingssessel in meine Lieblingsdecke gewickelt, ein Glas Sherry getrunken, drei, vier Zigarettchen geraucht und über die Darsteller irgendeiner Serie lustig gemacht.

Wir saßen in einer braunen Sofagarnitur im hinteren Teil des Raumes und warteten auf Lynda und einen gewissen Mr Dougle, von dem uns ein Vortrag über Flora und Fauna der Isle of Mull angekündigt war. Ich hätte wahnsinnig gerne geraucht, traute mich aber nicht. Das Bücherregal, das sich über eine ganze Wand erstreckte, war leer, abgesehen von einigen Bildbänden über Wale und Delfine und stapelweise Broschüren, die für die Whale-Watching-Week warben. Auch Penny hatte eine Zigarettenschachtel in der Hand, die sie nervös bearbeitete.

»Gibt es hier ein Restaurant?«, fragte Maureen.

»Wir brauchen Wein«, ergänzte Penny, »zum Essen.«

»The Drum and Monkey und das Delnashaugh Inn«, sagte Antje, »aber das Delnashaugh kann ich nicht empfehlen.«

»Das was?«, fragte Maureen.

»Wir sind daran vorbeigefahren.«

»Mit den Schotten davor«, machte Penny.

»Das Roast Loin of Scotch Lamb, das sie im Drum and Monkey machen, ist hervorragend«, sagte Antje, nahm eine Schachtel Roth-Händle aus der Tasche ihres Plüschpullis und zündete sich eine Zigarette an.

»Darf man?«, fragte ich.

»Rauchen?«, schnaubte Antje verächtlich, »logisch darf man.«

Penny und ich steckten uns sofort eine Zigarette an. Draußen war es jetzt stockfinster, außerdem regnete es wieder. Die Tropfen klopften behaglich über die Scheibe.

»Und Wein servieren sie auch, in diesem Dingsda?«, fragte Penny.

»Logisch«, behauptete Antje.

Wir schwiegen und warteten auf Lynda und Mr Dougle, rauchten und hörten dem Regen zu. Ich war bestimmt nicht die Einzige, die gerne gewusst hätte, was unser tätowierter Koch und seine winzige Freundin in ihrem Wohnwagen miteinander anstellten.

Das Licht war grau, als ich erwachte. In der Nähe schrien Möwen, und wenn ich mich anstrengte, hörte ich Stevie in der Küche hantieren. Wenn ich mich anstrengte. Ich blieb liegen, drehte mich immerhin auf die andere Seite, hörte dem Regen zu, schon wieder, lag warm und gut unter dem steten und durchaus einschläfernden Rauschen, das sich dann allerdings als die Dusche herausstellte. Als ich die Augen öffnete, schien nämlich die Sonne. Ich blieb vorerst trotzdem liegen, glitt zurück in den Schatten, und schon bald rauschte erneut das Wasser, rauschte verlässlich auf das Stoffdach meines Zeltes am Meer, das türkisblau durch meine geschlossenen Lider schimmerte, aber dann schob sich plötzlich der Zeigefinger meiner Mutter über das Bild gemächlich raschelnder Palmwedel, und gleich darauf saß sie vor mir, den alten Vorwurf im Blick: böse, böse Tochter. Es blieb mir nichts anderes übrig, als die Augen nun doch zu öffnen und aufzustehen. Nebenan rauschte schon wieder die Dusche. Türen gingen auf und zu, durch die dünne Stellwand hörte ich, wie sich Penny und Maureen über Mr Dougle lustig machten. Es war ihm letzte Nacht tatsächlich gelungen, die Leinwand zu entrollen, aber wie man sie aufspannte und festhakte, hatte er auch nach einer geschlagenen Viertelstunde nicht herausgekriegt. Mr Dougle trug Knickerbocker, einen Wollpullover mit kompliziertem Zopfmuster und Bergstiefel. Sein Gesicht war schmal wie ein Strick, seine Nase ein Schuhlöffel. Auf den Dias, die er uns stolz vorführte, war kaum etwas zu erkennen. Was freilich nicht wirklich störte, immerhin führte er die Rufe aller Vögel vor, die er uns da offenbar im Bild zeigte. Trat jedes Mal zwei Schritt vor den Projektor, legte diesen oder jenen Finger an verschiedene Stellen seines Gesichts, ging in die Knie und legte los. Spreizte diesen oder jenen Finger ab, öffnete und schloss die Hand, die den Mund verdeckte, und produzierte die absonderlichsten Geräusche, also mir hat es gefallen. Manchmal arbeitete er mit beiden Händen und verbarg überhaupt sein ganzes Gesicht, und eben nicht bloß den Mund, um uns mit einem sanft an- und abschwellenden Zirpen zu erstaunen. Dann trat er wieder neben den Projektor und legte das nächste Dia ein. Das Karussell hatte er nämlich auch vergessen.

Das Sonnenlicht im Aufenthaltsraum war zu grell, um zu erkennen, wer schon am Tisch saß. Ich hätte mich fast auf Antjes Schoß gesetzt. Ich war die

Letzte, und ich war die Einzige, die noch nicht die Montur trug, die uns Lynda am Vorabend empfohlen hatte: Anorak, Wollmütze, Schuhe mit flachen, aber griffigen Sohlen, beschichtete Hosen, Handschuhe. Garantiert hatten sie auch die Thermounterwäsche an, die man uns im Begleitbrief ans Herz gelegt hatte. Die Stimmung war gewaltig, jetzt ging es endlich los, hinaus aufs Wasser, und dann dieses fantastische Wetter! Die Wale, Delfine und Seehunde erwarteten uns. Und all die anderen natürlich auch: der Puffin und der Guillemot, der Razorbill, der Fulmar, der Storm Petrel. Und der Kittiwake sowieso. Ich hätte eben doch besser aufpassen sollen bei Mr Dougles Vortrag. Nur Stevie und Birdy wollten nicht recht zur verbreiteten Euphorie passen: Sie sahen ganz furchtbar verkatert aus. Wenn ich mich nicht irre, hatte Birdy sogar ein blaues Auge, aber ich kann mich auch getäuscht haben. Sie sagte jedenfalls kein Wort, flatterte hin und her und vermied es, uns anzusehen. Das Besteck lag auch am rechten Fleck. Und über den Eidotterfleck an meiner Tasse sah ich generös hinweg. Man will ja schließlich nicht am Ende Schuld tragen an Mord und Totschlag, am zweiten blauen Auge. Das Frühstück? Also Penny und Maureen waren begeistert. Penny schüttete Ketchup über die Spiegeleier und den Speck, Maureen über die weißen Bohnen und die verkohlten Würstchen. Es stellte sich heraus, dass der Tee Tee war und ein Toast, den man mit Ketchup bestreicht, ganz hervorragend schmeckt. Außerdem gab es gedünstete Pilze, warmen Haferbrei, Essiggurken und Rühreier. Die bittere Orangenmarmelade? Die gab es auch. Weniger wäre zu viel gewesen. Die Sonnenbahn wanderte gemütlich über den Tisch, die Zeit nahmen wir uns. Schließlich war nichts mehr übrig, nicht das kleinste Fitzelchen Toast, ich hätte mich am liebsten sofort wieder hingelegt.

Da öffnete sich die Tür, und Lynda erschien, in Begleitung von zehn, nein zwölf Menschen, die sich um den Esstisch drängten und uns neugierig musterten, gefüttert waren wir zum Glück bereits.

»Tagesausflügler«, zischte Antje voller Verachtung.

Das hatte ich mir nun natürlich anders vorgestellt, nämlich so: Die MV Alpha Beta für uns alleine, die Aussichtsplattform, die geheizte Kabine mit der Eckküche, den geschützten Ausguckposten im Heck, die chemische Toilette mit Waschbecken.

Letztlich musste sich die ganze Bagage dann wegen mir noch gute zehn Minuten gedulden. Die Wollmütze habe ich auch nicht gefunden.

Die See war dann nicht ganz so ruhig, wie sie sich uns präsentierte. Flach und seidenblau und nicht bewegt, ja nicht das kleinste bisschen gekräuselt. Es war eben doch der Atlantik, ich hatte es nicht anders erwartet. Wir waren eben aus der Bucht ins offene Wasser gelangt, schon wurde es den ersten Tagesausflüglern schlecht. Der ältere Herr, der neben mir im Heck saß, schüttelte vorerst ungläubig den Kopf, das ging mehrere Minuten so, dann steckte er ihn plötzlich verschämt zwischen die Knie, offensichtlich wollte er auf keinen Fall stören oder unangenehm auffallen. Den Boden hat er dann aber trotzdem vollgekotzt, meine Schuhe bekamen auch den einen oder anderen Spritzer ab. Er entschuldigte sich bei allen, in einer Kneipe hätte er garantiert eine Runde ausgegeben, vielleicht sogar zwei. Er ließ sich auch nicht davon abhalten, an meinen Turnschuhen herumzuputzen. Kurz darauf stellte ich mich mit dem Formular, das Lynda an die Teilnehmerinnen der Whale-Watching-Week verteilt hatte, auf die Aussichtsplattform und gab mir Mühe, wie jemand auszusehen, der angestrengt Ausschau hält. Wonach? Nach dem Minke Whale natürlich, dem Harbour Porpoise, dem Common-, dem Risso's- und dem Nose-Dolphin und dem Basking Shark. Sichteten wir ein Tier, hatten wir es zu identifizieren und mit der Uhrzeit und dem exakten Standort des Bootes in der entsprechenden Rubrik einzutragen. Antje stieß alle paar Minuten einen Schrei aus und zeigte aufs Wasser. Einmal war es eine Plastiktüte, sonst sichtete Antje Steine oder Bojen. Selbst Wellenkämme hielt sie für Delfine, aber da war sie nicht die Einzige. Bald deuteten auch die Tagesausflügler alle paar Momente kreischend auf Wale, Delfine oder Seehunde. Penny und Maureen hielten sich genauso zurück wie ich, Lynda nahm die Statistik auch auf die leichte Schulter, wie mir schien.

Nach drei Stunden hatten wir noch keinen einzigen Wal oder Delfin zu sehen bekommen. Der Himmel hatte sich zugezogen, der Wind aufgefrischt, mir war erstaunlicherweise immer noch nicht übel. Die MV Alpha Beta wurde hochgehoben, sank tief zwischen Wellenberge und wogte überhaupt gehörig auf und nieder. Lynda lächelte milde, dabei wurde ihr Boot tüchtig eingesaut. »Gekotzt wird ausschließlich draußen«, hatte sie als einzige Order ausgegeben, »die Kabine bleibt sauber.« Einmal durfte ich das Boot sogar für ein paar Minuten steuern, Lynda musste sich um einen Jungen kümmern, der aufgelöst in der Kabine saß und seinen Kopf nicht mehr aus einem Plastikeimer nehmen wollte.

Offenbar hatte ich meine Sache als Steuermann gut gemacht: Lynda ließ mich auch in den engen Meeresarm steuern, der sich einige Meilen weit ins Innere der Isle of Mull erstreckte. Wir würden in einer geschützten Bucht mit Sandstrand vor Anker gehen, um die mitgebrachten Lunchpakete zu verzehren.

Für die Einfahrt in diese Bucht übernahm Lynda das Ruder. Der Himmel hatte aufgeklart, die Regenwolken trieben rasch auf die offene See zu. Der Sand leuchtete gelb, auf dem Wasser tanzten Tausende winziger Lichtpunkte. Hinter dem Strand stieg das Gelände an und ging in eine Wiese über, weit und breit war kein Gebäude zu sehen. Lynda erzählte mir, dass weder eine Straße noch ein Wanderweg in diese Bucht führte. Wir setzten den Anker und machten das Gummiboot startklar, das wir die ganze Zeit hinter uns hergeschleppt hatten: Lynda würde uns in Vierergruppen an den Strand rudern. Und dort ging dann bestimmt das Pfadfinder- und Abenteuerspiel los. Sie würden Holz suchen, um ein Feuer zu machen, obwohl sie ganz genau wussten, dass rein gar nichts in den Lunchpaketen war, was man grillen oder braten konnte.

Der Junge mit dem Plastikeimer glaubte erst nach einer Weile, dass ihn das Gummiboot, das Antje angeberisch »Zodiac« nannte, wirklich an Land bringen würde. Lynda und Antje redeten so lange auf ihn ein, bis er in das schaukelnde Gummiboot stieg. Den Eimer gab er allerdings nicht aus der Hand. Ich nahm mir vor, mit der letzten Fahrt überzusetzen, wenn überhaupt. In der Kabine der MV Alpha Beta konnte ich mich doch viel besser einrichten: auf der gepolsterten Eckbank bei geschlossenen Gardinen dem Buch widmen, das ich mitgenommen hatte. Rauchen, die zwei belegten Brote, den Schokoriegel und den Apfel essen, dösen. Und dem geschäftigen Treiben der anderen aus sicherer Distanz zusehen. Um mich entsprechend darüber lustig zu machen, heimlich, einfach so für mich.

Da tauchten sie plötzlich auf.

Es müssen an die fünfzig gewesen sein. Tauchten wie auf Kommando auf und bildeten einen Kreis um unser Boot. Um sich aus der Nähe zu betrachten, was da die Ruhe ihrer abgeschiedenen Bucht störte. Antje war die Erste, die sie bemerkte, das muss ich zugeben. Zuerst waren wohl bloß zwei oder drei aufgetaucht, um die Lage zu sondieren. Seehunde sind neugierige, aber vorsichtige Tiere. Antje bekam einen glasigen Blick, gleichzeitig fiel ihr Unterkiefer nach unten, ging ihr Arm in die Höhe. Wenigstens hielt sie diesmal den Mund. Offenbar waren wir den Seehunden recht. Sie ergriffen nicht die Flucht, sie kamen näher an das Boot heran, wobei sie traurige Schreie ausstießen. Sie waren überhaupt das Allertraurigste, was ich jemals gesehen hatte. Ihre glatten schwarzen Köpfe waren Totenköpfe, ihre kugelrunden schwarzen Augen die Augen toter Kinder, meine Güte. Und ihre Schreie, also ihre Schreie gingen nicht bloß mir durch und durch. Sie musterten uns, tauchten unter, um an einer anderen Stelle wieder zu erscheinen.

Mit einem Mal wusste ich, was ich tun musste, ich kann es mir bis heute nicht erklären. Ich ging an die Spitze des Bootes, stieg über die umlaufende Metallstange und ließ mich ins Wasser fallen. Das Gelächter und Geschrei waren natürlich riesengroß. Antje tippte sich gegen die Stirn, Penny und Maureen lagen sich im Arm, nur Lynda lächelte und winkte mir verschwörerisch zu.

Das Meer war viel kälter als die Schnauze des ersten Seehundes, der mich zaghaft anstupste. Die Haare seines Schnurrbartes waren dick wie Draht und doch weich, sein Kopf zart und haarlos wie der Kopf meines Vaters. Er gab ein leises Gurgeln von sich und tauchte unter mir weg.

Mir blieb nichts anderes übrig, als tief Luft zu holen und mich träge und mit geschlossenen Augen sinken zu lassen.

Nataša Dragnić

Sand in den Augen

Ich bin auf der Flucht.«
»Aber warum ausgerechnet Cagliari?«

»Die Anreise war kompliziert genug.«

Der Sand flog ihr ins Gesicht, brannte in den Augen, stach in die nackte Haut. Sie lag am Strand del Poetto, irgendwo zwischen der Sella del Diavolo und dem Torre di Mezza Spiaggia, ganz nahe am Meer. Ihr war nach Weinen zumute. Seit fünf Tagen schon war ihr nach Weinen zumute. Seitdem sie hier gelandet war. Was eine deutliche Verbesserung war – denn davor hatte sie tatsächlich nur geweint.

Schon am Flughafen das Gefühl, zu Hause zu sein: die heiße Oktobersonne, als wäre es August, Palmen, Olivenbäume, Oleander, trockene Erde und flimmernde Luft. Sie hatte hinten im Taxi gesessen und geschwiegen, den Fahrerblick im Rückspiegel gemieden.

»Das erste Mal in Cagliari?«

»Ja.« Sie schaute aus dem Fenster. Verrostete Leitplanke. Sie hätte wieder weinen können, machte aber stattdessen die Augen zu und versuchte es mit glücklichen Gedanken.

»Warum weinen Sie, Signora?«

Sie schüttelte den Kopf, setzte wieder ihre Sonnenbrille auf. Und dann waren sie schon da, vor dem *T Hotel.*

»Das Leben ist schön, alles wird gut sein, Signora«, sagte der Fahrer zum Abschied, und sie lächelte ihn dankbar an, als hätte er ein Orakel verkündet. Hätte er sie umarmen wollen, hätte sie nicht Nein gesagt. Von der eigenen Erbärmlichkeit wurde ihr schwindlig. Sie flüchtete in die klimatisierte Kühle des Foyers.

Das Zimmer wechselte sie nur zweimal, der Empfangschef lächelte ununterbrochen, verneigte sich ein wenig, als sie im dritten Zimmer am Fenster stehen blieb, in die Ferne auf das Meer blickte und sagte: »Wunderschön.« Als sie allein war, packte sie unordentlich und nur teilweise aus, zog den Badeanzug und das türkisblaue Strandkleid an und ging an die Hotelbar, wo sie einen Barkeeper mit roter Brille ganz für sich allein hatte. Sie bestellte ein stilles Wasser, und er lächelte verschwörerisch. Sie schwieg aber, vertraute sich ihm nicht an. Es war noch zu früh für Dummheiten, zu früh am Tag – und überhaupt.

Am Empfang erklärte man ihr den Weg zur nahe gelegenen Bushaltestelle, wo sie die Linie M bis zum Hafen nehmen und dort in den Bus PF oder PQ umsteigen sollte. Die Hitze auf der Straße überraschte sie, die Leute in Wintermänteln auch. Im Bus berührte ihr nackter Arm die grobe Wolle eines Pullovers. »Verrückte Touristen«, ein Gedanke, den man hören konnte. In der Via Roma stieg sie aus und überquerte die Straße zum Hafen, vergaß für den Moment die Weiterfahrt und den Strand, vom silbrig glitzernden Meer angezogen. Alles schimmerte in der grellweißen Luft, der Hafen, Schiffe, Straßen, Autos, Gebäude, Steinplatten. Sie kletterte über einen Zierpflanzenkübel und blieb neben einer Bank stehen. Zwei Katzen schlenderten an ihr vorbei. Sie atmete tief ein, und zum ersten Mal seit Wochen verspürte sie etwas, das man leicht mit Freude hätte verwechseln können. Langsam ging sie zurück zur Haltestelle. Der Wind machte die Hitze, das Warten auf den Bus, den Verlust erträglicher. Sie war ihm dafür dankbar gewesen. Damals, am ersten Tag.

Jetzt nicht mehr. Jetzt kannte sie ihn schon gut genug, auch seine Nachteile. Jetzt erhob er den Sand, wirbelte ihn herum in alle Richtungen, scharf wie Messerspitzen, und sie spürte die Tränen in den Augen, auf der rechten Wange, die auf dem Badetuch lag. Das mit Sand bedeckt war. Sie erwog ihre Optionen. Hier bleiben und weiterhin leiden. Aufgeben und ins Hotel zurückfahren, wo sie nichts zu tun hatte. Aufgeben und in die Stadt fahren, wo es heiß und alles leer und geschlossen war zu dieser Zeit. Hier verharren, ins Wasser gehen, wo der Sand nicht wehtat, und da bleiben, bis sie Hunger bekam.

»Wovor flüchten Sie?«

Er hatte so lange geschwiegen, dass sie ihn vergessen hatte. Sie hob langsam den Kopf, sah ihn abwesend, sogar ein wenig enttäuscht an. Wie lange saß er schon neben ihr und versuchte sich breitzumachen, als wollte er sie vor dem Sand schützen?

»Guten Tag, Entschuldigung«, hatte er vorhin gesagt, und sie hatte die Augen noch fester zugemacht. Diese Strandverkäufer! Man hatte keine Ruhe vor denen, und egal, wie oft man Nein sagte oder sie ignorierte – sie kamen immer wieder, wie die Wellen, wie die Hitze.

»Guten Tag, Signorina. Darf ich Sie kurz stören? Hier, für Sie.«

Das war nicht die Stimme oder die Sprache eines afrikanischen Flüchtlings gewesen, der den Strand von Poetto mit seinen Uhren und Tüchern und Halsketten und Taschen und Tonfiguren eroberte und jeden duzte. Sie hatte die Augen geöffnet und eine ausgestreckte Hand vor sich gesehen, voll flacher, runder, mehr oder weniger heller Steinchen, die auf der Oberfläche schneckenartige Linien zeigten.

»Für Sie. Sardische Glücksbringer. Schützen vor bösen Geistern und fliegendem Sand.«

Sie hatte sich ein wenig erhoben, den Körper zur Stimme gedreht, um das Gesicht sehen zu können. Und ihm dann gleich das mit der Flucht gesagt.

Jetzt sah sie erneut in seine dunkelblauen Augen in dem dunkelgebräunten Gesicht. Die grauen Haare ganz kurz, sodass man hätte denken können, er hätte eine Glatze. Die Glücksbringer hielt sie fest in der Hand, wie einen Rettungsring, der sie vor der verwehenden Kraft des Windes schützen könnte.

»Wovor flüchten Sie?«, wiederholte er die Frage und lächelte sie an, aber nur mit dem Mund, die Augen, diese unglaublich blauen Augen, blieben ernst, sogar ein wenig besorgt.

»Vor meinem Mann und meiner Tochter, vor meinem Liebhaber und seiner Frau und seiner Tochter. Vor mir selbst.«

»Ich verstehe«, sagte er sehr sachlich, nickte sogar ein paarmal, sodass sie lachen musste, ganz laut. Sofort kamen ihr auch wieder die Tränen, die sich augenblicklich mit dem Sand vermischten und an ihren Wangen kleben blieben.

Er stand auf und reichte ihr die Hand. »Wollen wir schwimmen gehen, uns vor dem Sand flüchten?«

Sie ließ sich von ihm ins Meer führen, wie ein kleines Mädchen, das sie in dem Augenblick auch war, höchstens fünf Jahre alt. Verschreckt und verunsichert und verängstigt und verloren.

Als ihr das Wasser bis zum Badeanzug reichte, blieb er stehen und sah sie von der Seite an. Er war sehr groß, so einen großen Mann hatte sie in diesen fünf Tagen in Cagliari noch nicht gesehen. Kräftig, mit einem Bauchansatz. Eine Welle, nur eine Welle, und sie spürte seinen Körper ganz nahe.

»Entschuldigung.«

»Aber ich bitte Sie! Lassen Sie mich Ihre Stütze sein, Ihr Baum«, sagte er, und sie traute ihren Ohren nicht.

»Im Meer wachsen keine Bäume«, sagte sie fast schroff.

»Ein starker Baum mit tiefen Wurzeln kann einen vor allem schützen, vor dem Regen und dem Wind und der Sonne …«

Sie hob ihren ungläubigen Blick zu seinen Augen, und er drückte fester ihre Hand, umhüllte sie wie ein Kokon.

»Ein Baum kann Leben retten, Leben schenken, er ist ein Symbol des …«

»Wollen wir hineinspringen?« Ihr wurde allmählich übel von so vielen Wörtern, die nichts bedeuteten, die wie ein Köder um sie tänzelten. Sie betrachtete seinen Mund, seine Lippen, die sich weiterhin bewegten, auch sie gebräunt von der ganzjährigen

Sonne. Einige Salztropfen hingen an ihnen, vom Wind dahin platziert.

»Sie starren mich an.«

»Sie mich auch.«

Aber bevor irgendetwas passieren konnte, etwas, das die ganze Flucht lächerlich und überflüssig gemacht hätte, sprang sie in die Wellen und zog ihn hinter sich her – vorhin noch ein jahrhundertealter Baum, jetzt leicht wie eine Blume. Momentanes Entsetzen über den eigenen Gedanken, Sorge, sie habe sich anstecken lassen. Sein Arm berührte ihren Oberschenkel, ihre Hüfte. Sie drehte sich um, machte die Augen auf, konnte ihn aber nicht klar sehen, seine Augen nicht, zu viele aufgewachte Sandkörner um sie herum. Wie in einer Schneekugel. Sie tauchten auf, an seinen Wimpern hingen Tropfen und fielen nicht ab.

Sie lockerte den Druck ihrer Hand, er nicht.

»Ich will schwimmen«, sagte sie leise, ihre Stimme zitterte, als wäre sie schon geschwommen, mindestens acht Bahnen im schweren Chlorwasser, in dem sie eigentlich nie schwamm.

Er ließ sie gehen. Plötzlich wusste sie nicht, wohin mit dieser Hand, dem ganzen Arm. Und in der anderen Faust hielt sie immer noch die Steinchen: Sie hatte das Gefühl, sie würde ertrinken. Bevor die Panik sie unbeweglich machen konnte, spürte sie seine Arme um sich, nicht fest, ganz zärtlich, sachte

Berührungen. Wie der nasse Sand. Dann tauchten seine Augen so nahe vor ihr auf, dass sie ihre schließen musste, um über Wasser bleiben zu können.

»Wie heißen Sie?«, fragte er, als sie wieder in der Sonne und dem wild herumfliegenden Sand standen und ihre Haut schon trocken war.

»Sandra.«

»Was für ein schöner Name, voller Poesie …«

»Das ist zu viel.«

Dann schauten sie beide verlegen aufs Meer.

»Ich heiße Giancarlo.«

»Giancarlo«, wiederholte sie leise und langsam und unerwartet lustvoll.

»Wo wohnen Sie?«

»Im *T Hotel*.«

»Es liegt nicht am Meer.«

»Aber es hat einen Turm. Mein Zimmer ist im Turm, in der elften Etage. Die Aussicht ist atemberaubend. Ich überblicke die ganze Stadt. Wenn ich jetzt in meinem Zimmer wäre, könnte ich uns hier am Strand stehen sehen.« Sie hörte sich selbst zu und wunderte sich über so viele Worte.

Er erwiderte nichts, hob nur leicht die Augenbrauen.

»Und ein Kellner hat eine rote Brille.«

»Das erklärt doch alles.«

Sie warf ihm einen misstrauischen Blick zu, so als wollte sie ihm sagen, er solle in seiner Rolle bleiben.

»Und sie lassen mich so viel Nachtisch haben, wie ich will.«

Dann fiel ihr nichts mehr ein, und sie senkte den Kopf, beobachtete ihre Füße, die dabei waren, im Sand zu verschwinden.

»Gibt es hier Treibsand?«

»Sie müssen nichts fürchten, Sie können sich an Ihrem Baum festhalten, wenn Sie fühlen, dass Sie untergehen.«

»Ich bin doch kein Schiff.«

»Nein, aber Sie sind auf der Flucht.«

Sie drehte sich um, erschöpft von so vielen Worten, die so wunderbar gewesen wären, wenn ein anderer sie gesprochen hätte. Sie fing an, ihre Sachen zusammenzupacken, schüttelte das Badetuch, ein Sandvorhang. Er ließ sie machen, schwieg, schaute ihr zu und ging dem Sand aus dem Weg.

Als sie ihm angezogen gegenüberstand, fragte er: »Kann ich Sie heute zum Essen einladen? Haben Sie schon unseren Cannonau gekostet? Oder den berühmten Filu 'e ferru? Es gibt so vieles, was ich Ihnen zeigen möchte.« Das Blau seiner Augen wie die Tiefe des Meeres, die sie nie erlebt hatte.

»Um sechs unten im Hafen, gegenüber dem Feltrinelli-Buchladen, ich werde auf der Bank sitzen und den Schiffen beim Leuchten in der Sonne zusehen. Dann will ich, dass Sie mich – bevor Sie mich betrunken machen – in einige Buchhandlungen führen. Ich muss Bücher unter meiner Hand spüren.« Und weg war sie. Überrascht über diese Verabredung. Wie ihre wirren, widersinnigen Gedanken flog der Sand um ihre nackten Beine, ihre Flip-Flops verschwanden immer wieder. Es war deutlich zu sehen, dass sie es nicht gewohnt war, im Sand zu laufen.

Der Bus kam gleich, sie hatte Glück. Sie hob die Hand, winkte, der Bus hielt an. Das würde sie Giancarlo heute Abend fragen, das mit dem Bus und der Hand und ob es da Regeln gab, wer die Hand heben sollte. Sie nahm am Fenster Platz. Es war eine lange Fahrt, mit jeder Haltestelle wurde es voller. Sie wunderte sich über alles. Alles war so anders als das Leben, das sie nicht mehr hatte – nicht einmal dessen Scherben gehörten ihr. Die Leute im Bus, die sich so laut miteinander unterhielten, als säßen sie im eigenen Wohnzimmer. Dieses Bedürfnis, sich auszutauschen, ob man sich kannte oder nicht, das hatte sie vergessen. Vielleicht war sie tatsächlich zu lange schon im Norden, wo es im Oktober nie so warm sein konnte. Bilder und Stimmen aus dem Bus vermischten sich mit denen in ihrem Kopf, sie hörte ihre Tochter lachen und ihren Mann schweigen und ihren Liebhaber Lügen verbreiten und seine Frau schreien, und schon wieder wurde ihr eng in der Kehle, im Magen. Und es fiel ihr auf, dass sie seit dem ersten Blick in jene blauen Augen nicht geweint hatte. Es vergessen hatte – zu weinen und nachzudenken und zu trauern, nach den Resten ihrer selbst zu greifen, die wie Papierfetzen im Wind herumwirbelten, immer höher, immer unerreichbarer. Und während sie die endlose Viale Armando Diaz entlangfuhr, wurde ihr klar, dass die kurze Zeit, die sie mit diesen Augen verbracht hatte, die einzigen Stunden seit Wochen waren, in denen sie ihren Verlust vergessen hatte. Die leeren Stellen. Die Löcher, die nach dem Herausreißen von vielen Seiten entstanden waren. Und zum ersten Mal dachte sie, es könnte noch alles gut gehen, und für dieses Gefühl war sie ihm dankbar, bereit, ihm die Süßlichkeit seiner Worte zu verzeihen, den unerträglichen Zuckerguss. Sie wunderte sich nicht mehr, seine Einladung angenommen zu haben.

An der Via Roma wechselte sie den Bus. Es war zu warm, um den Berg hochzulaufen. Das hatte sie übrigens auch überrascht, wie hügelig die Stadt war. Ein ständiges Auf und Ab. Wobei das Auf einfacher zu bewältigen war als das Ab. Auf und ab. Ab. Nur noch ab.

Im Hotel angekommen, ging sie zuerst in die Bar und bestellte eine große Flasche Wasser. Die Hitze pochte ihr in den Schläfen. Viel Zeit hatte sie nicht. Im Glas befand sich eine dünne Scheibe Zitrone. An zwei Tischen wurden Geschäftsgespräche geführt. Sie dachte an ihre Tochter. Das größte aller Löcher, aus denen sie zu bestehen schien. Sie bestellte ein Sandwich Omelette, versuchte es zu stopfen, dieses Loch. Danach noch ein Tiramisu, bis ihr schlecht wurde. Sie zog sich in ihr Zimmer zurück, legte sich aufs Bett, schloss die Augen. Ihre Tochter, die sie ablehnte, ihr den Rücken zudrehte, ihr trockener Blick, ihr Mund, gespannt, verzogen, stumme Verletzung, die »Verrat, Verrat« schrie. Ihre Tochter.

Das Telefon klingelte. Sie setzte sich jäh auf, verwirrt.

»Hallo?«

Eine Frauenstimme sagte etwas, sie verstand es nicht.

»Nina, Schatz? Bist du es?« Und schon liefen ihr die Tränen über das Gesicht. Ohne einen Mann leben, das konnte sie, auch wenn sie darauf nicht vorbereitet war. Ohne ihr Kind … Sie hörte kurz zu, versuchte schnell nachzudenken, eine Entscheidung zu treffen, und irgendwann sagte sie dann: »Ja, bitte.« Sie blieb auf dem Bett sitzen. Die Sonne stand schon sehr tief, aber es war noch hell. Sie hatte immer noch ihr Strandkleid an, ihren Badeanzug.

Es klopfte an der Tür. Sie sagte »Herein«, aber nichts passierte, also richtete sie sich auf und fiel fast um, ging zur Tür, machte sie auf, zog sich zurück, ohne ihn anzusehen. Im Gesicht der kreisförmige Abdruck von einem Glückssteinchen. Schweigend standen sie mitten im Zimmer. Dann legte er einen Finger auf ihre Wange und folgte der dunklen Linie.

»Sie sind nicht gekommen, ich habe mir Sorgen gemacht.«

Sie entzog sich ihm, legte sich wieder aufs Bett, als wäre er gar nicht da, machte die Augen zu. Ohne ihr Kind …

»Aber jetzt sehe ich, dass Sie selbst zu einem Glücksbringer geworden sind.« Ein Lächeln schwebte unprätentiös in seiner Stimme. »Also geht es Ihnen gut? Sie haben es sich einfach anders überlegt, oder?«

Sie schüttelte den Kopf, versteckte sich im Kopfkissen. Dann spürte sie die Bewegung der Matratze und seine Hand auf der Taille, und sie fing an zu schluchzen. Er umarmte sie ein wenig unsicher und umständlich, die Lage war nicht günstig, sie ließ ihn gewähren, lag schlaff in seinen Armen.

»Sie sind so … so weich, als hätten Sie keine Knochen und keine Muskeln.«

Sie weinte noch lauter.

»Ich bin ein Schweizer Käse, Emmentaler bin ich, bestehe nur aus Löchern …«

Er lachte und hielt sie fester. Und dann musste auch sie lachen, und sie lehnte den Kopf an seine Schulter, und allmählich überfiel sie eine Ruhe, die immer tiefer wurde, und als sie den Blick hob, um seinen zu treffen, begegnete sie nur der Dunkelheit. Die Sonne war heimlich untergegangen.

»Ich sehe Sie nicht.«

»Sie können mich spüren, mich, Ihren Baum. Seien Sie meine Blüten.«

»Nicht schon wieder …«

Aber er unterbrach sie mit einem Kuss, und sie wehrte sich nicht, nicht einmal aus Anstandsgründen, denn es fühlte sich auf eine widersprüchliche und völlig unerwartete Art und Weise richtig an, wenn auch ungewöhnlich und ein wenig fremd.

Mitten in der Nacht, der warmen und nach heißem Herbst duftenden sardischen Nacht, fragte er sie: »Willst du mir jetzt erzählen, was los ist?«

Wie Tag und Nacht lagen sie aneinander, sie fühlte sich wohl und bereit zu vergessen. Also schüttelte sie den Kopf an seiner Brust und machte ein paar Schnarchgeräusche. Er lachte nicht.

»Wovor bist du geflohen?«

»Vor dem Schmerz.« Sie richtete sich auf, drehte ihm den Rücken zu. »Aber ich verrate dir mal was, man kann sich nicht vor ihm verstecken. Er bohrt Löcher in dich rein, reißt dir das Fleisch von den Knochen und lässt dich kalt verbluten.« Ihre Stimme hatte den Rhythmus der Brandung angenommen. »Ich verließ meinen Mann, meine Tochter verließ mich, mein Liebhaber wurde von seiner

Frau verlassen und verließ mich anschließend, und als ich dachte, ich würde sterben, packte ich den Koffer, sehr schnell und sehr entschieden, flüchtete, versteckte mich ... fand dich.« Ihre Augen waren trocken, ihr Herz ausgeleert, ihre Stimme die kühle Nachtbrise.

»Wollen wir spazieren gehen?«

»Ich war noch nicht nachts in der Stadt.«

»Das Nachtleben ist aufregend hier. Lass es mich dir zeigen.«

»Ich möchte in einem der Restaurants in der Marina essen, an einem der kleinen Tische in einer der engen Gassen sitzen und Wein mit dir trinken, deine Hand halten, dein Knie zwischen den meinen spüren, laut lachen und so tun, als würde ich dazugehören. In dieser kleinen Straße, die in die Via Mannu führt, will ich ein großes Eis essen, und danach will ich in die Bar oben im Castello gehen, die mit der tollen Aussicht ...«

»Libarium Nostrum.«

»Da will ich mich an dich anlehnen, die Sterne zählen, als gäbe es nichts anderes auf der Welt, keine andere Welt ...«

Sie stand auf und ging zum Fenster. Ihre Nacktheit leuchtete im Straßenlicht tief unter ihnen.

»Als wäre ich kein Schweizer Käse«, fügte sie leise hinzu, so wie nebenbei. »Morgen kannst du dann den Tag bestimmen. Und den Tag danach auch.«

Sie bot ihm ein Lächeln an, als wäre es ein Weihnachtsgeschenk – mit Geschenkpapier, Schleife und allem Drum und Dran.

Sie zogen sich an und verließen das Zimmer. Im Aufzug sah sie ihn und sich im Spiegel nebeneinander stehen. Erst jetzt bemerkte sie, dass er einen Schlips anhatte, und ihr wurde plötzlich klar, dass letzten Endes ein Schlips es gewesen war, der diesen Abend, diese Nacht möglich gemacht hatte. Es gab etwas Rührendes im Bemühen dieses Mannes, sie ins Bett zu kriegen. Sie passten gut zueinander.

Auf der Straße durchfuhr sie ein Zittern. Da war sie wieder, diese erfrischende Brise, die nach Salz und feuchtem Sand roch. Und die Hoffnung auf ein gutes Ende. Sie knüpfte ihr Jäckchen zu und nahm seine Hand. Seine Finger verzweigten sich fest in ihren, seine Augen verfolgten sie bei jeder Bewegung – wie die Nacht selbst. Sie fühlte Wurzeln in sich wachsen. Dabei ging mindestens eins der Löcher zu.

Daniel Gray

Im Zelt lesen

Das letzte Mal liegt vielleicht schon viele Jahre zurück, und man hat seither nur noch unter festen Dächern gelesen. Aber in einem Zelt zu lesen ist etwas, das sich neu zu entdecken lohnt, selbst wenn man sein Zelt im eigenen Garten aufschlägt – die neugierigen Blicke der Nachbarn hinter dem Vorhang verstärken das Gefühl, etwas leicht Anrüchiges zu tun.

Wie um die Erwartungen flach zu halten, ist das Lesen im Zelt mit allerlei umständlichen Vorbereitungen verbunden. Das Knistern des Zeltstoffs und Surren der Reißverschlüsse liefern die angemessene Avantgarde-Musik für dieses ungelenke Manöver. Zuerst muss man sich krampfhaft im Vorzelt umdrehen und den äußeren Reißverschluss fest zuziehen. Anschließend krabbelt man über herumliegende Schuhe und eine oder mehrere Müslischalen in den Schlafbereich, gefolgt von einer weiteren ungelenken Drehung und dem erneuten Kampf mit dem Reißverschluss. Hat man sich dann in den Schlafsack gezwängt, ohne sich dabei ein Knie ins

Gesicht zu stoßen oder ein Familienmitglied zu Tode zu quetschen, ist es endlich soweit – unter dem Kopfkissen liegt wie zur Belohnung das Buch.

Während du den Reißverschluss des Schlafsacks zuziehst und das Buch in die Hand nimmst, entsteht knisternd eine neue Atmosphäre. Sie senkt sich wie ein dünner Vorhang zwischen dich und die Welt, als ob die Mondnacht dir einen ganz eigenen Raum gewährte. Die Nacht gehört dir und deinem Buch. Nur euch beiden. Und du liest im Freien. Nicht nur die Lektüre besitzt einen eigenen Schauplatz, sondern du ebenso.

Geräusche dringen von außen zu dir, willkommener Ballast in deiner Abgeschiedenheit: das wilde Fauchen kämpfender Katzen; ein einsamer Wagen, der Partygäste nach Hause bringt; eine entfernt zuschlagende Tür, als würde der Iron Man in die Hände klatschen. Jeder Eindruck wird verstärkt. Die Art der Lektüre kann dies noch unterstützen: ein Roman über einen Schiffbruch oder das Leben auf dem Land, oder die Autobiographie eines getriebenen Musikers (allerdings nicht unbedingt die Geschichte eines Wahnsinnigen, der seine Opfer mit Spannseilen stranguliert). Wenn der Himmel dazu noch Regentropfen auf dein Zelt niedergehen lässt, ist alles perfekt. Das trippelnde Geräusch ist himmlisch. Nirgends könntest du dich geborgener und zufriedener fühlen. Du, dein Buch und der leise Regen auf der Zeltplane. Jeder Tropfen klopft aufs Dach und fließt in Slalomlinien herab, während deine Augen auf der Seite hin und her wandern. Welch eine jubilierende Einsamkeit.

Das Licht der Taschenlampe wird schwächer, genau wie deine Augen. Das Abenteuer ist vorbei, und du sinkst zur Erde zurück. Der Schlaf überkommt dich. Am Morgen, früher und strahlender als jeder andere, wachst du auf und findest dein Buch in ein Nylonnetz gestopft vor, die Kanten gewellt. Es sieht mitgenommen aus, als hätte es sich, während du schliefst, in einem Nachtclub herum getrieben. Jetzt musst du dich aus deinem Kokon schälen und dich dem Tag stellen, mit einem Auge zur Sonne schielend und mit dem anderen auf die Uhr. Doch schon in wenigen Stunden, wenn das Tageslicht schwindet, kann das himmlische Vergnügen erneut beginnen.

Nachweis

Ewald Arenz
Camping. Aus: Ewald Arenz, *Meine kleine Welt.* Ars Vivendi Verlag, Cadolzburg 2022. Copyright © 2022 by Ars Vivendi Verlag, Cadolzburg. Abdruck mit freundlicher Genehmigung.

Béla Balázs
Erinnerung. Aus: Béla Balázs, *Ein Baedeker der Seele. Feuilletons aus den Jahren 1920–1926.* Herausgegeben von Hanno Loewy. Verlag Das Arsenal, Berlin 2002.

Julian Barnes
Unbefugtes Betreten. Aus dem Englischen von Thomas Bodmer. Aus: Julian Barnes, *Unbefugtes Betreten.* Kiepenheuer & Witsch, Köln 2012. Copyright © 2012 by Kiepenheuer & Witsch Verlag, Köln. Abdruck mit freundlicher Genehmigung. Julian Barnes hat unter dem Pseudonym Dan Kavanagh auch Kriminalromane geschrieben, *Duffy* und *Heiße Fracht* sind im Kampa Verlag in der Reihe Red Eye erschienen.

Wenn Ihnen dieses KAMPA POCKET
gefallen hat, gefällt Ihnen vielleicht auch der
Lesetipp auf der gegenüberliegenden Seite.

Schicken Sie uns bitte Ihren LIEBLINGSSATZ
aus einem Kampa Pocket, bei einer Veröffent-
lichung auf unseren Social-Media-Kanälen
bedanken wir uns mit einem Buchgeschenk:
lieblingssatz@kampaverlag.ch